स्टीफन सी. [illegible] ज प्रोफेसर और व्याव[illegible] ट स्टडीज़ के हिस्से के रूप में कारपोरेट मेम्बरशिप [illegible] चलाते हैं और मिनीपॉलिस में युनिवर्सिटी ऑफ सेंट थॉमस में इंस्टीट्यूट फॉर क्रियेटिविटी एंड इन्नोवेशन के प्रमुख भी हैं।

हैरी पॉल केन ब्लैंचार्ड कंपनियों के वरिष्ठ वाइस प्रेसिडेन्ट हैं जहाँ वे विशेष प्रोजेक्ट्स के कोऑर्डिनेटर हैं और इंटरनल स्पीकर्स ब्यूरो का काम संभालते हैं। वे कैलिफोर्निया में रहते हैं।

जॉन क्राइस्टनसन, जो एक पुरस्कार विजेता फिल्म निर्माता हैं, मिनीपोलिस में रहते हैं। वे अभी चार्टहाउस लर्निंग कॉरपोरेशन के सी.ई.ओ. हैं, कॉरपोरेट शैक्षणिक फिल्मों के प्रमुख निर्माता हैं जिनमें ***फिश*** का वीडियो भी शामिल है, जिसे हज़ारों कॉरपोरेशन्स ने अपनाया है।

'लुंडिन, पॉल और क्राइस्टनसन को वह सही फॉर्मूला पता है जिससे ऑफिस के माहौल को सुधारा जा सके। यह एक अच्छी कहानी भी है। फिश में ऐसे चार सशक्त सिद्धांत सिखाये गये हैं जो किसी भी सफल कंपनी की आधारशिला हैं। मैं इस पुस्तक को पढ़ने की सलाह ऐसे हर आदमी को देता हूँ जो अपनी नौकरी या काम-धंधे में कुछ अलग करना चाहता है।'

** हाइरम स्मिथ,*
फ्रैंकलिन कोवी कंपनी के
को-चेयरमैन

मुझे इस संदेश से ऊर्जा मिलती है और मैं 15,000 व्यक्तियों के अपने संगठन में मैं इन अवधारणाओं को लागू करने की संभावना भी साफ देखता हूँ। लेखक ऊर्जा का माहौल बनाते हैं और संभावनाओं को बताते हैं, यही इस शानदार पुस्तक का निचोड़ है, यही इसका संदेश है।'

** डोनाल्ड डी. स्नाइडर,*
बॉयड् गेमिंग कॉरपोरेशन के
प्रेसिडेंट

'यह पुस्तक बहुत चतुराई और समझदारी से हमें यह बताती है कि लोगों का अच्छा मैनेजर बनने के लिए सिर्फ़ कॉमन सेन्स के प्रयोग की और इस 'गोल्डन रूल' के प्रयोग की ज़रूरत है- लोगों के साथ वही व्यवहार करो, जो आप अपने लिये चाहते हों।'

** रॉबर्ट जे. न्यूजेन्ट*
फूडमेकर, इन्क. के
प्रेसिडेंट और सी ई ओ

फिश!

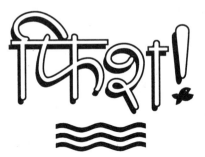

नौकरी और बिज़नेस में जोश बढ़ाने और
सफलता पाने का एक अद्भुत तरीका

फिश!

स्टीफन सी. लुंडिन, पी.एच.डी., हैरी पॉल,
और जॉन क्राइस्टनसन

अनुवादक : डॉ. सुधीर दीक्षित

MANJUL
मंजुल पब्लिशिंग हाउस प्राइवेट लिमिटेड

First published in India by

Manjul Publishing House Pvt. Ltd.
10, Nishat Colony, 74 Bungalows, Bhopal, India 462 003
Ph. : +91 755 5240340 Fax : +91 755 2736919
E-mail : manjulindia@sancharnet.in

Originally published in the United States & Canada by Hyperion
as FISH !

This Hindi translated edition published by arrangement with
Hyperion

Copyright © 2000 by Stephen C. Lundin, Harry Paul, and John
Christensen by arrangement with Hyperion

First published   - February 2003

Distributed in India by

 Full Circle Publishing Pvt. Ltd., Delhi

ISBN - 81 - 86775 - 37 - 4

Designed by : Aquarius Inc., Bhopal, INDIA

Printed in India by
Gopsons Papers Ltd., Noida, INDIA

❧ समर्पण ❧

यह पुस्तक उन करोड़ों कर्मचारियों के लिये है जो अपनी नौकरी किसी ऐसी जगह पर करना चाहते हैं जहाँ ज़्यादा मौज-मस्ती हो।

इस पुस्तक में ऐसी कुंजियां दी गई हैं जिनसे आप अपने ऑफिस में एक नया माहौल बना सकते हैं। अगर आपका रवैया ख़ुशनुमा, जोशीला और रोचक है तो आपके ऑफिस का माहौल भी सुखद, जोशीला और रचनात्मक बन जाएगा।

भूमिका

कैनेथ ब्लैंचार्ड, पी.एच.डी., द्वारा

वन मिनट मैनेजर, रेविंग फैन्स और
गंग हो! पुस्तकों के सहलेखक

फिश एक बेहतरीन कहानी है जिस पर जॉन क्राइस्टनसन ने फिल्म बनाई थी। उन्होंने और उनकी कंपनी **चार्टहाउस** ने सीटल शहर के 'पाइक प्लेस फिश मार्केट' पर एक अद्भुत वीडियो फिल्म बनाई। **पाइक प्लेस** दुनिया भर में मशहूर है। मैं इस वीडियो फिल्म को अपने सेमिनारों में दिखाता हूँ। इसके ज़रिये मैं यह दिखाना चाहता हूँ कि जब कर्मचारी अपने काम में मज़ा लेने लगते हैं — जब आप अपने कर्मचारियों को लगातार प्रेरणा देते रहते हैं तो कितना अच्छा माहौल बन सकता है।

अब **फिश** की यह मज़ेदार कहानी किताब के रूप में भी छप रही है। स्टीफन लुंडिन, मेरे काफी सालों तक सहयोगी रहे हैरी पॉल, और जॉन ने मिलकर इसे लिखा है। चाहे यह कहानी वीडियो फिल्म के रूप में देखी जाये, या किताब के रूप में पढ़ी जाये, यह एक ज़बर्दस्त प्रेमकहानी है। इस पुस्तक में यह सुझाव दिया गया है, 'जब हम अपने काम से प्यार करने लगते हैं, तो हम हर दिन सुख, जीवन का अर्थ, और संतुष्टि की चरम सीमा को छू सकते हैं।'

यह कितना महत्वपूर्ण है ? आप सोच ही नहीं सकते कि यह कितना महत्वपूर्ण है। खास तौर पर जब आप यह विचार करें कि लोग अपने जागने के समय का 75 प्रतिशत हिस्सा काम संबंधी गतिविधियों में

फिश!

लगाते हैं — वे काम के लिये तैयार होते हैं, काम पर जाने के लिये यात्रा करते हैं, नौकरी या कारोबार में समय देते हैं, काम-धंधे के बारे में सोचते रहते हैं, और नौकरी के बाद उसकी थकान से मुक्त होने की कोशिश करते हैं। अगर हम अपनी ज़िंदगी का इतना ज़्यादा समय काम में लगाते हैं, तो हमें इसमें मज़ा आना चाहिये और हमें अपनी नौकरी से ऊर्जा मिलना चाहिये। फिर भी हम यह देखते हैं कि ज़्यादातर लोग अपनी नौकरी को बोरिंग काम मानते हैं और मनोरंजन की तलाश में दूसरी जगहों पर जाते हैं, 'भगवान का शुक्र है कि आज शुक्रवार है' अब भी कई लोगों के जीने का तरीका है।

अब हम अपने काम की बोरियत को दूर कर सकते हैं- अगर आप *फिश!* पढ़ते हैं तो अपने साथियों को इसके बारे में ज़रूर बतायें। साथ ही अपने ऑफिस में लुंडिन, पॉल और क्रिस्टनसन द्वारा सुझाये गये चार रहस्यों और रणनीतियों का भी प्रयोग करें। मैं यह गारंटी देता हूँ कि *फिश!* से हर मैनेजर को फायदा होगा क्योंकि इससे न सिर्फ़ कर्मचारी उस जगह पर काम करना पसंद करेंगे, बल्कि इससे लोगों को उस जगह पर काम करने में गर्व का अनुभव भी होगा। लोग ऐसी जगह काम करना पसंद करते हैं जहाँ मज़ा हो, ऊर्जा हो, और जहाँ वे कुछ नया कर सकते हों। *फिश!* की फिलॉसफी से हर कर्मचारी को भी फायदा होगा क्योंकि इससे उसकी बोरियत दूर हो जायेगी और वह अपने काम के बारे में उत्साहित बना रहेगा।

जैसा आपको समझ में आ रहा होगा, मैं *फिश!* को लेकर बहुत ही रोमांचित हूँ। मेरी नज़र में यह एक बेहतरीन पुस्तक है। दुनिया भर में मशहूर 'पाइक प्लेस फिश मार्केट' की कहानी शानदार है। पर यह पुस्तक सिर्फ़ फिश बेचने के बारे में नहीं है; यह एक प्रेम कहानी है जो आपके ऑफिस या कारोबार में भी हो सकती है।

अपने काम से प्यार करना

इन दिनों यह फैशन हो चला है कि हम अपनी पसंद का ही काम करना चाहते हैं। आप चाहे कविता लिखें, नाव पर दुनिया के सफर पर निकल जायें, पेंट करें- आप वह करें जिससे आपको प्यार हो, और पैसा अपने आप आपके पीछे आने लगेगा। हम सोचते हैं ज़िंदगी इतनी छोटी है कि नौकरी का माहौल आदर्श होना चाहिये। हम इस मामले में समझौता नहीं करना चाहते और आदर्श नौकरी की तलाश में जुटे रहते हैं। ख़तरा यह है कि आदर्श नौकरी की हमारी खोज में हमारा ध्यान भविष्य पर लगा रहता है, और इस कारण हम उस अद्भुत जीवन का आनंद नहीं ले पाते जो आज हमारे सामने है; उस पल का जिसमें हम अभी जी रहे हैं।

सच तो यह है कि दुनिया में ऐसी कई बातें होती हैं जो हमें आदर्श नौकरी के पीछे भागने से रोकती हैं। हममें से कइयों को परिवार की ज़िम्मेदारी संभालनी होती है और ज़िंदगी जीने का तरीका बनाये रखना होता है। और कई लोग सही मौके का इंतज़ार करते रहते हैं। कई लोगों की ज़िंदगी में इतने ज़्यादा तनाव और दबाव होते हैं कि उनके पास नया काम ढूंढने के लिये न तो समय होता है, न ही शक्ति।

फिश! एक नीतिकथा है। हम सभी के भीतर ऊर्जा, रचनात्मकता और जोश के गहरे स्त्रोत मौजूद हैं और इनका दोहन तभी किया जा सकता है जब हम अपने काम से प्यार करने लगें, चाहे इस पल हम उस काम से नफरत करते हों। यही बताना इस छोटी सी कहानी का उद्देश्य है।

फिर!

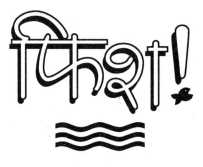

सिएटल- सोमवार की सुबह

सिएटल का वह सोमवार। उदास, ठंडा और नम — भीतर भी और बाहर भी। टी.वी. पर मौसम विभाग की रिपोर्ट में जो सबसे अच्छी भविष्यवाणी की गयी थी वह यह थी कि दोपहर के आस पास बादल छंट सकते हैं। ऐसे उदास दिनों में मैरी जेन रैमिरेज़ को दक्षिणी कैलिफोर्निया याद आ जाता था।

वे दिन भी क्या दिन थे! उसने अपने पिछले तीन सालों को याद करते हुये सोचा। उसके पति डैन को **माइक्रोरूल** की तरफ़ से नौकरी का बढ़िया ऑफर मिला था और मैरी को भरोसा था कि वहाँ पहुँचने के बाद वह भी नौकरी ढूंढ लेगी। सिर्फ़ चार हफ्तों में ही उन्होंने नोटिस दिया, सामान पैक किया, और नयी जगह पर पहुँचकर अपने बच्चों के लिये अच्छा सा झूलाघर भी ढूंढ लिया। लॉस एंजल्स में मकान बेचने के लिये यह बहुत अच्छा समय था और उनका मकान तत्काल बिक गया। जैसा कि उसे भरोसा था, मैरी जेन को नौकरी मिल गई। उसे सिएटल की एक बड़ी वित्तीय संस्था 'फर्स्ट गारंटी फाइनेंशियल' में सुपरवाइज़र का काम मिल गया था।

फिश!

डैन को **माइक्रोरूल** की नौकरी रास आ गई थी। जब वह रात को घर लौटता था तो वह ज़रा भी थका हुआ नहीं दिखता था। वह अपनी कंपनी के किस्से सुनाता था और यह भी बताता था कि वे कितनी तरक्की कर रहे हैं। डैन और मैरी अक्सर बच्चों को सुलाने के बाद देर रात तक बातें करते रहते थे। डैन अपनी नयी कंपनी के बारे में जितना उत्साहित था, उतनी ही दिलचस्पी वह इस बात में लेता था कि मैरी का दिन कैसा गुज़रा, उसके नये साथी कैसे हैं, उसकी नौकरी में क्या-क्या चुनौतियां हैं। अगर कोई दोनों को देखता, तो यही कहता कि वे बहुत अच्छे दोस्त हैं। एक दूसरे के सामने आते ही उनके चेहरे पर चमक आ जाती थी।

उन्होंने अपने जीवन की पूरी योजना बना ली थी, पर एक चीज़ के बारे में उन्होंने सोचा ही नहीं था। सिएटल में आये हुये उन्हें एक साल ही हुआ था कि डैन को हॉस्पिटल ले जाना पड़ा। उसका एन्यूरिज़्म फट गया, जो किसी रक्तवाहिनी के जन्मजात दोष के कारण होता है। होश में आने के पहले ही वह चल बसा। यह सब इतना अचानक हुआ था कि उन्हें अलविदा कहने का समय तक नहीं मिल पाया।

यह दो साल पहले की बात थी। हमें सिएटल में आये हुए अभी पूरा एक साल भी नहीं हुआ था।

उसके दिमाग़ में यादों की बाढ़ सी आ गयी और उसके दिल में भावनाओं का तूफान घुमड़ने लगा। मैरी ने ख़ुद को संभाला। ***यह मेरी निजी ज़िंदगी के बारे में सोचने का समय नहीं है। अभी नौकरी का आधा दिन भी नहीं हुआ है और बहुत-सा काम पड़ा है।***

फर्स्ट गारंटी फाइनेंशियल

'फर्स्ट गारंटी' में तीन साल तक काम करने के बाद मैरी जेन ने एक क़ाबिल सुपरवाइज़र का खिताब पा लिया था। वह बहुत सबेरे से आकर बहुत देर रात तक काम नहीं करती थी, परंतु उसके काम करने का तरीका ही कुछ ऐसा था कि उसकी टेबल पर कोई फाइल एक दिन से ज़्यादा नहीं रुकती थी। अपने काम को वह इतने अच्छे तरीके से करती थी कि उसकी कंपनी में एक छोटी सी समस्या खड़ी हो गई। हर कोई चाहता था कि उसका काम मैरी की टेबल से होकर गुज़रे। वे जानते थे कि वहाँ काम समय पर हो जाता है और बहुत अच्छे तरीके से होता है।

उसके नीचे जो लोग काम करते थे वे भी उससे खुश थे। वह अपने स्टाफ की समस्याओं और विचारों को पूरे ध्यान से सुनती थी और इसके बदले में उसका स्टाफ उसे पसंद करता था और उसकी इज्ज़त करता था। अगर किसी का बच्चा बीमार होता था या किसी को कोई महत्वपूर्ण काम होता था तो वह स्टाफ के कर्मचारी को उतने समय के लिये छोड़ देती थी। मैनेजर के रूप में वह अपने डिपार्टमेंट का नेतृत्व कर रही थी। पर वह इतने सहज रूप से ऐसा करती थी कि ज़रा भी तनाव नहीं होता था – तनाव होता भी था तो सिर्फ़ इतना कि काम अच्छे तरीके से हो जाए। उसके सहयोगी और उसका स्टाफ उसके साथ काम करना पसंद करते थे। मैरी जेन के स्टाफ की छवि बेहतरीन कर्मचारियों की थी।

इसके बिलकुल विपरीत, तीसरी मंज़िल पर एक बड़ा ऑपरेशन्स ग्रुप था जिसकी छवि इसके बिलकुल उलटी थी। उन्हें अक्सर *लापरवाह, ढीला, बेकार, बंजर ज़मीन, निकम्मा, उबाऊ, उनींदा, नाकारा, नकारात्मक* इत्यादि का खिताब दिया जाता था। हर आदमी इस समूह से नफरत करता था। कंपनी का दुर्भाग्य था कि लगभग हर डिपार्टमेंट

17

का काम तीसरी मंज़िल से होकर गुज़रता था क्योंकि वे **फर्स्ट गारंटी** के समझौतों और करारों को प्रोसेस करते थे। हर आदमी ऑपरेशन्स ग्रुप से किसी भी तरह के संपर्क से घबराता था।

सुपरवाइज़र आपस में किस्से सुनाते थे कि तीसरी मंज़िल पर क्या नया हादसा हुआ। जो तीसरी मंज़िल पर जाते थे, वे लौटकर बताते थे कि वह ऑफिस नहीं, मुर्दाघर है जो आपके अंदर की जान निकाल लेता है। मैरी जेन को एक घटना याद आयी। एक मैनेजर ने कहा कि उसे तो नोबल पुरस्कार मिलना चाहिये। जब मैरी जेन ने पूछा कि क्यों, तो उसने जवाब दिया, 'मुझे लगता है कि मैंने तीसरी मंज़िल पर जीवन का तत्व खोज लिया है।' इस पर ठहाके लगने लगे।

कुछ ही हफ्तों बाद, मैरी जेन को **फर्स्ट गारंटी** की तीसरी मंज़िल पर ऑपरेशन्स ग्रुप का मैनेजर बना दिया गया। मैरी जेन ने यह प्रमोशन थोड़ी अनिच्छा और सावधानी से स्वीकार किया था। हालांकि कंपनी को उससे बहुत आशाएं थीं, लेकिन उसे इस प्रमोशन से बहुत ज़्यादा उम्मीदें नहीं थीं। वह अपनी वर्तमान नौकरी से बहुत खुश थी- और डैन की मृत्यु के बाद वह इतने बड़े जोखिम लेने से भी हिचकने लगी थी। वह समूह जिसकी वह मैनेजर थी, उसके साथ तब से था जब वह डैन की मृत्यु का सदमा झेल रही थी। इस वजह से उनके बीच एक घनिष्ट रिश्ता बन गया था। ऐसे लोगों को छोड़ने में बहुत तकलीफ होती है जिन्होंने इतने बुरे समय में आपका साथ दिया हो।

मैरी जेन तीसरी मंज़िल की बुरी छवि के बारे में भी बहुत चिंतित थी। सच बात तो यह थी कि अगर डैन के हॉस्पिटल के अनपेक्षित ख़र्चे नहीं होते तो शायद वह प्रमोशन और बढ़ी हुई तनख़्वाह को स्वीकार ही नहीं करती। बहरहाल, इस तरह अब वह वहाँ पहुँच चुकी थी, बदनाम तीसरी मंज़िल पर। पिछले दो सालों में उस कुर्सी पर बैठने वाली वह तीसरी मैनेजर थी।

तीसरी मंज़िल

उस पद पर आने के पहले पाँच हफ्तों में वह अपने काम को और अपने नये स्टाफ को समझने की कोशिश करती रही। हालांकि उसे थोड़ा ताज्जुब भी हुआ कि वह तीसरी मंज़िल पर काम करने वाले कई लोगों को पसंद करती थी, फिर भी उसने जल्दी ही यह समझ लिया कि तीसरी मंज़िल की जो छवि बनी थी वह सही थी। उसने तीसरी मंज़िल पर पाँच साल से काम कर रहे बॉब को देखा, जो सात बार फोन की घंटी बजने देता था और फिर जान-बूझकर फोन काट देता था। उसने मार्था को यह कहते हुए सुना कि वह कंपनी के उन लोगों को किस तरह से ठीक करती है जो उससे जल्दी काम करवाना चाहते हैं — वह उनकी फाइल को 'ग़लती से' आउट-बास्केट में रख देती है। हर बार जब मैरी जेन उनके कमरे में जाती थी, वहाँ कोई न कोई आदमी ऊँघता ही नज़र आता था।

ज़्यादातर सुबहों को यह देखने में आता था कि काम शुरू होने के समय के बाद दस से पंद्रह मिनट बाद तक फोन बजता रहता था और कोई फोन नहीं उठाता था क्योंकि स्टाफ देर से आता था। जब उनसे देरी का कारण पूछा जाता था तो उनके बहाने ढेर सारे और लचर होते थे। हर चीज़ धीमी गति से होती थी। तीसरी मंज़िल को 'ढीला' कहना बिलकुल सही था। मैरी जेन की समझ में नहीं आ रहा था कि वह क्या करे। वह केवल इतना ही जानती थी कि उसे कुछ करना चाहिये और जल्दी ही करना चाहिये।

पिछली रात को जब बच्चे सो गये थे, तब मैरी जेन ने अपनी डायरी में अपनी स्थिति के बारे में लिखा था। उसने डायरी में पिछली रात लिखे शब्दों को पढ़ा :

फिश!

शुक्रवार को बाहर का मौसम ठंडा और नीरस था, परंतु मेरे ऑफिस का माहौल तो नीरस से भी गया बीता था। वहाँ कोई ऊर्जा ही नहीं थी। कई बार तो यक़ीन ही नहीं होता कि तीसरी मंज़िल पर जीते-जागते इन्सान काम कर रहे हैं। ज़िंदगी के थोड़े बहुत लक्षण तब दिखते हैं जब किसी की शादी हो या बेबी शॉवर का ज़िक्र हो। अपने काम को लेकर वे कभी उत्साहित नहीं होते।

मेरे पास तीस कर्मचारी हैं और वे कम तनख़्वाह में ढीले तरीके से अपना काम निबटाते हैं। कई लोग इसी ढीलेपन से सालों से काम करते आ रहे हैं और वे पूरी तरह से ऊब चुके हैं। वे लोग भले दिखते हैं, परंतु उनमें कभी जो चिंगारी रही होगी, वह अब पूरी तरह राख बन चुकी है। यहाँ का माहौल इतना बुझा-बुझा है कि नये आने वाले कर्मचारियों का जोश भी जल्दी ही हवा हो जाता है। जब मैं ऑफिस में से होकर गुज़रती हूँ तो ऐसा लगता है जैसे हवा में से सारी ऑक्सीजन निकाल ली गयी हो। मुझे सांस लेने में भी तकलीफ होती है।

पिछले हफ्ते मुझे चार ऐसे क्लर्कों का पता चला जिन्होंने दो साल पहले लगे कम्प्यूटर सिस्टम का अब तक उपयोग ही नहीं किया था। उनका कहना था कि उन्हें पुराने तरीके से काम करना ही अच्छा लगता है। न जाने आगे मेरा पाला किस तरह के अजूबों से पड़ने वाला है।

फिश!

मुझे लगता है कि बहुत से बैकरूम ऑपरेशन्स इसी तरह के होते होंगे। यहाँ पर रोमांचित होने के लिये ज़्यादा कुछ है भी नहीं, केवल बहुत सारे सौदे हैं जिन्हें प्रोसेस किया जाना है। पर यहाँ का माहौल सुधारा जा सकता है। मुझे कोई न कोई तरीका तो ढूँढना ही होगा ताकि मैं उन्हें यह बता सकूँ कि हमारा काम कंपनी के लिये कितना महत्वपूर्ण है। हमारे काम की बदौलत ही दूसरे डिपार्टमेंट के लोग कंपनी के ग्राहकों की सेवा कर पाते हैं।

हालांकि हमारा काम पूरी कंपनी के लिये बहुत अधिक महत्वपूर्ण है, फिर भी यह पर्दे के पीछे होता है और इसीलिये कोई इसका गुणगान नहीं करता। यह संगठन का ऐसा अदृश्य हिस्सा है जो कंपनी के राडार स्क्रीन पर नज़र भी नहीं आता, अगर यह इतना बदनाम और बुरा नहीं होता। और मेरा यक़ीन कीजिये, यह बुरा है।

हममें से कोई भी इस डिपार्टमेंट में इसलिये नहीं आया है क्योंकि वह इस काम से प्यार करता है। इस मंज़िल पर मैं अकेली ही ऐसी नहीं हूँ जिसे पैसे की समस्याएं हों। कई महिलाएं और एक पुरुष अपने बच्चों के अकेले अभिभावक हैं। जैक के बीमार पिता भी उसके साथ अभी-अभी रहने आ गये हैं। बॉनी और उसके पति के घर पर उनके दो नाती हमेशा के लिये रहने आ चुके हैं। हम यहाँ पर तीन कारणों से हैं : तनख़्वाह, सुरक्षा और नौकरी के दूसरे लाभ।

21

फिश!

मैरी जेन ने डायरी में लिखे आख़िरी वाक्य पर विचार किया। बैकरूम ऑपरेशन्स ज़िंदगी भर की नौकरी थी। तनख़्वाह पर्याप्त थी, और नौकरियां भी सुरक्षित ही थीं। अपने ऑफिस के बाहर डेस्कों और कुर्सियों की कतारों को देखते हुए उसने कुछ सवालों पर विचार किया। 'क्या मेरा स्टाफ जानता है कि जिस सुरक्षा का उन्हें इतना विश्वास है वह केवल एक भ्रम है ? क्या वे यह समझ पाये हैं कि बाज़ार की ताक़तें किस हद तक इस उद्योग को नया आकार दे रही हैं ? क्या वे यह समझते हैं कि इस कंपनी को तेज़ी से आगे बढ़ाने के लिये हम सभी को अपने आपको बदलने की ज़रूरत है ? क्या वे यह जानते हैं कि अगर हम नहीं बदलेंगे तो अंततः हम सभी को कोई दूसरी नौकरी ढूंढनी पड़ेगी ?'

वह जवाब जानती थी। नहीं। नहीं। नहीं। नहीं। उसके स्टाफ के लोग अपनी कार्यशैली बदलने के लिये कभी तैयार नहीं होंगे। उन्हें बैकरूम में काम करते-करते बहुत ज़्यादा समय हो चुका था। वे केवल अपनी नौकरियाँ बजा रहे थे और यह आशा कर रहे थे कि बदलाव के पहले ही उनका रिटायरमेंट आ जाए। और उसके ख़ुद के बारे में क्या ? क्या उसका नज़रिया अलग है ?

फोन की घंटी उसे वर्तमान में ले आयी। उस फोन के बाद एक घंटे तक 'आग बुझाने' की कार्यवाही चलती रही। पहले तो उसे पता चला कि एक महत्वपूर्ण ग्राहक की फाइल गुम गई थी और ऐसी अफ़वाह थी कि वह फाइल आख़िरी बार तीसरी मंज़िल पर देखी गयी थी। इसके बाद, दूसरे डिपार्टमेंट का एक आदमी आकर हल्ला मचाने लगा क्योंकि कोई उसके फोन का जवाब देने के लिये तैयार नहीं था। तीसरी मंज़िल के कर्मचारी फोन पर बार-बार 'होल्ड' बटन दबा देते थे इसलिये उसे ख़ुद ही ऊपर आना पड़ा। फिर लीगल डिपार्टमेंट से एक कर्मचारी ने

आकर शिकायत की कि उसका फोन लगातार तीन बार काट दिया गया था। और एक स्टाफ मेंबर जो बीमारी के कारण आज छुट्टी पर था, उसने अभी तक एक महत्वपूर्ण काम करके नहीं दिया था जबकि उसे वह काम बहुत पहले करके दे देना चाहिये था। जब सुबह की आख़िरी 'आग' बुझ गई, तो मैरी जेन अपने लंच को लेकर दरवाज़े की तरफ़ चल दी।

ढीलों का कचराघर

मैरी जेन पिछले पाँच हफ्तों से लंच के लिये ऑफिस के बाहर जाने लगी थी। वह जानती थी कि ऑफिस के कॉफी हाउस में लंच लेने का मतलब था तीसरी मंज़िल की बुराई सुनना। कंपनी के लोग अब भी लंच पर कंपनी की कमियों पर किस्से सुनाते समय तीसरी मंज़िल के लोगों का मज़ाक उड़ाते होंगे। अब तीसरी मंज़िल की बुराई या शिकायत सुनना उसके लिये संभव नहीं था, क्योंकि अब वह भी तीसरी मंज़िल पर पहुँच गई थी। उसे कुछ ताज़ी हवा की ज़रूरत थी।

ज़्यादातर समय वह अपना लंच लेने के लिये पहाड़ी से उतरकर तालाब के पास जाया करती थी। वहाँ, वह खाना खाते समय पानी की ओर निहारती या फिर छोटी-छोटी दुकानों के चारों तरफ़ जमा पर्यटकों को देखती। यह बहुत शांत जगह थी और यहाँ पहुँचकर वह प्रकृति की गोद में पहुँच जाती थी।

वह अपने ऑफिस से दो कदम बाहर ही निकली थी तभी उसे अपने फोन की ख़ास घंटी बजती सुनाई दी। **उसने सोचा शायद झूलाघर वालों का फोन होगा। सुबह स्टैसी की नाक बह रही थी।**

इसलिये उसने अपने ऑफिस की तरफ़ दौड़ लगा दी, और चौथी घंटी पर फोन उठा लिया। उसने घबरायी आवाज़ में कहा, 'मैरी जेन रैमिरेज़।'

'मैरी जेन, मैं बिल बोल रहा हूँ।'

अपने नये बॉस की आवाज़ सुनते ही वह चकरा गई कि *अब क्या हुआ।* तीसरी मंज़िल पर प्रमोशन लेने से पहले उसे जिन परेशानियों का अंदेशा था, उनमें से बिल भी एक था। उसकी छवि एक खड़ूस बॉस की थी। और जहाँ तक उसका अनुभव था, उसकी छवि सही थी। वह आदेश देता था, सामने वाले की बात को बीच में ही काट देता था, और पुचकारते हुये काम की प्रगति के बारे में पूछता था जिससे उसके मातहत चिढ़ जाते थे। 'मैरी जेन, क्या आप स्टैंटन प्रोजेक्ट पर काम करना जारी रख रही हैं?' जैसे कि वह यह जानती ही न हो। दो साल में यहाँ पर मैरी जेन तीसरी मैनेजर थी। और वह यह समझ चुकी थी कि समस्या सिर्फ़ तीसरी मंज़िल के कर्मचारी ही नहीं हैं, बिल भी एक समस्या है।

'मैं अभी-अभी कंपनी के बड़े अधिकारियों की एक मीटिंग से लौटा हूँ और मैं तुमसे इसी दोपहर को मिलना चाहता हूँ।'

'बिलकुल, बिल, कोई ख़ास बात?'

'कंपनी के उच्चाधिकारियों का मानना है कि अब हमारे लिये कठिन समय आने वाला है और बचे रहने के लिये हममें से हर एक को सर्वश्रेष्ठ प्रदर्शन करना होगा। इन्हीं कर्मचारियों से हमें ज़्यादा काम करवाना होगा, या फिर हमें कंपनी में बदलाव करना होगा। हमने कुछ विभागों के घटिया काम के बारे में भी चर्चा की, जहाँ ऊर्जा और मनोबल का स्तर इतना कम है कि इससे सभी पर बुरा असर पड़ता है।'

फिश!

मैरी जेन के माथे पर पसीना आ गया, क्योंकि उसे अंदाज़ा हो गया था कि आगे क्या कहा जायेगा।

'बॉस **ऑफिस में जोश** पर हुये एक सेमिनार में गये थे और वहाँ से आने के बाद वे ऑफिस का माहौल बदलना चाहते हैं। मैं यह तो नहीं बता सकता कि अकेली तीसरी मंज़िल को ही निशाना क्यों बनाया गया, पर बॉस मानते हैं कि तीसरी मंज़िल ही सबसे बड़ी समस्या है।'

'क्या उन्होंने केवल तीसरी मंज़िल को ही निशाना बनाया ?'

'उन्होंने न सिर्फ़ तीसरी मंज़िल को निशाना बनाया, बल्कि उन्होंने इसे एक विशेष नाम भी दिया है। उन्होंने इसे 'ढीलों का कचराघर' कहा है। मैं अपने किसी डिपार्टमेंट को 'ढीलों का कचराघर' कहा जाना पसंद नहीं करता! यह ज़्यादती है! और हमारे लिये बहुत शर्म की बात है!'

'ढीलों का कचराघर ?'

'हाँ। और बॉस ने मुझसे बहुत सारे सवाल किये कि मैं वहाँ का माहौल सुधारने के लिये क्या कर रहा हूँ। मैंने उन्हें बताया कि मैं भी उनकी तरह चिंतित हूँ और इसीलिये समस्या को सुलझाने के लिये मैंने तुम्हें वहाँ भेजा है। उन्होंने मुझसे कहा है कि इस बारे में उन्हें लगातार जानकारी दी जाये। तो क्या तुमने समस्या को सुलझा लिया है ?'

क्या उसने समस्या को सुलझा लिया है ? उसे अभी वहाँ आये हुए सिर्फ़ पाँच हफ्ते ही तो हुये हैं! 'अभी तक तो नहीं,' उसने कहा।

'तो तुम्हें यह काम तेज़ी से करना पड़ेगा, मैरी जेन। अगर तुम यह काम नहीं कर सकती हो, तो मुझे बता देना ताकि मैं किसी दूसरे को इस काम पर लगा दूं। बॉस का पक्का विश्वास है कि हम सभी को

नौकरी में ज़्यादा ऊर्जा, लगन और उत्साह दिखाने की ज़रूरत है। मुझे यह तो नहीं पता कि तीसरी मंज़िल पर लगन और उत्साह क्यों नहीं है। वहाँ पर जो काम किया जाता है, उसमें रॉकेट विज्ञान की तरह की किसी विशेषज्ञता की ज़रूरत नहीं है। वैसे भी क्लर्कों की फौज से मैं बड़ी-बड़ी आशाएं नहीं करता। मुझे लगता है तीसरी मंज़िल के बारे में इतने लंबे समय से मज़ाक किये जा रहे हैं कि बॉस को लगता है अगर वहाँ का माहौल सुधर जाए तो हम समस्या को सुलझा लेंगे। तुम कब मिल सकती हो ?'

'दो बजे ?'

'ढाई बजे, ठीक है ?'

'बिलकुल।'

बिल ने उसकी आवाज़ में हताशा को सुन लिया होगा। 'परेशान होने की ज़रूरत नहीं है, मैरी जेन। तुम सिर्फ़ इस काम में जुट जाओ।'

उसे झेलना आसान नहीं है, उसने फोन रखते हुए सोचा। **परेशान होने की ज़रूरत नहीं है! वह मेरा बॉस है और समस्या वास्तविक है। पर यह सुनना बुरा तो लगता ही है।**

रूटिन में बदलाव

जब मैरी जेन दुबारा लिफ्ट की तरफ़ बढ़ी तो उसके दिमाग़ में ज्वालामुखी फट रहा था। हमेशा की तरह पहाड़ी से उतरकर तालाब के किनारे पर जाने के बजाय, वह दाहिनी तरफ़ मुड़ी। वह ज़्यादा लंबा घूमना चाहती थी। उसके दिमाग़ में 'ढीलों का कचराघर' बार-बार घूमता रहा।

फिश!

ढीलों का कचराघर! अब आगे और न जाने क्या-क्या कहा जायेगा ? वह फर्स्ट स्ट्रीट पर चल रही थी कि तभी उसने अपने दिमाग़ में एक आवाज़ सुनी, 'तीसरी मंज़िल के ढीलेपन से तो तुम भी चिड़ती हो। कुछ तो करना ही पड़ेगा।'

मैरी जेन चलते-चलते एक ऐसे इलाक़े में पहुँच गई जो उसके लिये नया था। तभी उसे लोगों के ठहाके और हँसी सुनाई दी और वह यह देखकर हैरान हो गई कि उसके बांयी तरफ़ बाज़ार था। उसने इसके बारे में सुना था, पर पैसे की तंगी के कारण वह इस तरह के बाज़ार से दूर ही रहती थी। कंजूसी से जीने की आदत उसे इसलिये पड़ी क्योंकि अभी मेडिकल बिलों का भुगतान पूरा नहीं हुआ था, इसलिये बेहतर यही था कि वह इस तरह के बाज़ारों से दूर रहे। वह इस इलाक़े से कार में बैठकर तो गुज़री थी, परंतु वहाँ कभी पैदल नहीं घूमी थी।

जब वह **पाइक प्लेस** के पास पहुँची, तो उसने देखा कि फिश बेचने की एक दुकान पर अच्छे कपड़े पहने हुए बहुत से लोगों की भीड़ लगी थी और सारे लोग हँस रहे थे। हालांकि पहले तो अपनी दशा की गंभीरता को देखते हुये उसे हँसी अच्छी नहीं लगी। वह लगभग दूसरी तरफ़ मुड़ गयी। तभी उसके दिमाग़ में एक आवाज़ गूंजी, 'थोड़ी बहुत हँसी से मैं तरोताज़ा हो सकती हूँ,' और यह सोचते ही वह भीड़ के क़रीब आ गई। फिश बेचने वाला एक आदमी चिल्ला रहा था, 'गुड आफ्टरनून, दही खाने वालों'। दर्जनों अच्छे कपड़े पहने लोगों ने अपने दही के कप हवा में उठा दिये। **हे भगवान,** उसने सोचा। **मैं कहाँ आ गई हूँ?**

दुनिया भर में मशहूर पाइक प्लेस फिश मार्केट

क्या वह फिश हवा में उड़ रही थी? उसे लगा जैसे उसकी आँखें उसे धोखा दे रही थीं; फिर यह दुबारा हुआ। दुकान के एक कर्मचारी ने (जिन्हें उनकी सफेद एप्रन और काले रबर के जूतों से पहचाना जा सकता था) एक बड़ी फिश उठाई, उसे बीस फीट ऊपर उठाये गये काउन्टर की तरफ़ उछाला और वह चिल्लाया, 'एक साल्मन फिश मिनेसोटा की तरफ़ उड़ रही है।' फिर सभी कर्मचारियों ने एक स्वर में दोहराया, 'एक साल्मन फिश मिनेसोटा की तरफ़ उड़ रही है।' काउंटर के पीछे खड़े आदमी ने उस उड़ती हुई फिश को आश्चर्यजनक रूप से एक हाथ से कैच कर लिया, फिर उसने वहाँ मौजूद लोगों का सिर हिलाकर अभिवादन किया, जो उसकी कुशलता पर तालियाँ बजा रहे थे। वहाँ मस्ती भरा ज़ोरदार माहौल था।

उसके दाहिनी तरफ़ दूसरा कर्मचारी एक छोटे बच्चे को खेल-खेल में चिड़ा रहा था; वह बड़ी मछली के मुँह को इस तरह से हिलाता था कि बच्चे को लगता था जैसे मछली बोल रही है। एक थोड़ा बूढ़ा आदमी जिसके सफेद बाल कम ही बचे थे, चारों तरफ़ घूमते हुये चिल्ला रहा था, 'सवाल, सवाल, फिश के बारे में सवालों के जवाब!' कैश रजिस्टर पर बैठा एक युवा कर्मचारी केंकड़ों को इधर से उधर कर रहा था। 'ए ए आर पी' का कार्ड लिये हुये दो सदस्य बेतहाशा हँस रहे थे जब फिश बेचने वाला सेल्समैन उस फिश के साथ बातें करने लगा जो उन्होंने ख़रीदी थी। वहाँ के लोगों पर जैसे पागलपन का दौरा पड़ गया था। उसे यहाँ मज़ा आ रहा था और अब वह तनावमुक्त महसूस कर रही थी।

उसने लोगों को हवा में दही के कप उठाये हुए देखा और सोचा,

फिश!

ऑफिस के कर्मचारी। क्या वे लंच के समय सचमुच फिश ख़रीदते हैं या वे सिर्फ़ यहाँ का मज़ेदार माहौल देखने आते हैं?

मैरी जेन को यह पता नहीं था कि फिश बेचने वाले एक आदमी ने उसे भीड़ में देख लिया था। उसकी उत्सुकता और गंभीरता में कुछ ऐसी बात थी जिसके कारण वह चलकर उसके पास आया।

'क्या बात है? क्या आपके पास दही नहीं है?' वह पलटी और उसने लंबे, काले, घुंघराले बालों वाले एक आकर्षक नौजवान को अपने पास खड़े हुए देखा। वह उसकी तरफ़ ध्यान से देख रहा था और उसके चेहरे पर एक बड़ी सी मुस्कान थी।

उसने हकलाते हुए कहा, 'मेरे बैग में दही नहीं है, परंतु मुझे ठीक से समझ नहीं आ रहा है कि यहाँ क्या हो रहा है।'

'क्या आप यहाँ पहली बार आई हैं?'

'हाँ। आम तौर पर मैं लंच के लिये तालाब के किनारे जाया करती थी।'

'मैं समझ सकता हूँ– तालाब के किनारे बहुत शांति का माहौल होता है। यहाँ पर ज़्यादा शांति नहीं है, यह बात तो तय है। तो आज आप यहाँ कैसे आ गईं?'

उसके दाहिनी तरफ़ एक फिश बेचने वाला चिल्ला रहा था, 'कौन फिश ख़रीदना चाहता है?' दूसरा एक युवती को चिड़ाने में जुटा था। एक केंकड़ा मैरी जेन के सिर के ऊपर से तैरता हुआ निकला। 'छह केंकड़े मोन्टाना की तरफ़ उड़ रहे हैं,' किसी ने चिल्लाया। 'छह केंकड़े मोन्टाना की तरफ़ उड़ रहे हैं,' उन सभी ने दोहराया। एक फिश सेल्समैन कैश रजिस्टर के पीछे डांस कर रहा था। मैरी जेन के चारों तरफ़ एक नियंत्रित पागलखाना था। ऐसा लगता था जैसे कोई मेला लगा हुआ हो,

फिश!

पर वहाँ पागलखाने या मेले से ज़्यादा मज़ा आ रहा था। परंतु उसके बगल में खड़ा फिश सेल्समैन बिलकुल भी विचलित नहीं हुआ। वह उसके जवाब का आराम से और धीरज से इंतज़ार कर रहा था। *हे भगवान*, मैरी जेन ने सोचा। *वह मेरे जवाब में सचमुच रुचि ले रहा है। लेकिन मैं एक अजनबी को अपनी नौकरी की समस्याएं कैसे बता सकती हूँ?* पर उसने किया यही।

उसका नाम लॉनी था। उसने तीसरी मंज़िल की उसकी समस्या को बहुत ध्यान से सुना। उस पर इस बात का कोई असर नहीं पड़ा कि एक उड़ती हुई फिश एक रस्सी से टकरा गयी और उनके दाईं तरफ़ ज़मीन पर गिर गयी। जब मैरी ने अपने कर्मचारियों की समस्याओं का वर्णन किया तो वह पूरी गंभीरता से सुनता रहा। जब उसने अपनी कहानी खत्म की तो मैरी ने लॉनी की तरफ़ देखा, 'तो मेरे **ढीलों के कचराघर** के बारे में आपके क्या विचार हैं?'

'क्या कहानी है! मैं भी बहुत सी सड़ी हुई जगहों पर काम कर चुका हूँ। वास्तव में यह जगह भी पहले बहुत नीरस हुआ करती थी। पर अब आप इस मार्केट में क्या अनुभव करती हैं?'

'शोर, एक्शन और ऊर्जा', उसने बिना झिझके कहा।

'और इस ऊर्जा के बारे में आपके क्या विचार हैं?'

'मुझे यह बहुत पसंद है, मुझे यह सचमुच बहुत पसंद है!' मैरी जेन ने कहा।

'मुझे भी। मैं तो अब बिगड़ चुका हूँ। मुझे नहीं लगता कि इस अनुभव के बाद मैं अब किसी साधारण मार्केट में काम कर सकता हूँ। जैसा मैंने पहले ही कहा है, यह मार्केट शुरू में ऐसा नहीं था। कई सालों तक यह भी **ढीलों का कचराघर** हुआ करता था। फिर हमने चीज़ों को

बदलना चालू किया – और उसका नतीजा यह निकला। क्या इस तरह की ऊर्जा आपके ऑफिस को बदल सकती है?'

'बिलकुल बदल देगी। ऐसी ही ऊर्जा तो हमें उस कचराघर में चाहिये।' उसने मुसकराते हुए कहा।

'मुझे यह बताने में खुशी होगी कि यह फिश मार्केट बाकी फिश मार्केट्स से किस तरह अलग है। कौन जाने, आपको इससे कुछ काम के विचार मिल जायें।'

'परंतु, हमारे पास उछालने के लिये कुछ भी नहीं है! हमें तो बोरिंग काम करना पड़ता है। हममें से ज़्यादातर लोग ...'

'ज़रा रुकिये। यह सिर्फ़ फिश उछालने की बात नहीं है। यह सच है कि आपका बिज़नेस अलग है और ऐसा लगता है कि आपके सामने बहुत बड़ी चुनौती है। मैं मदद करना चाहूँगा। हो सकता है कि आपको हमारी इस कहानी से कुछ विचार मिल जाएं कि हमने किस तरह इस फिश मार्केट को विश्वप्रसिद्ध **पाइक प्लेस फिश मार्केट** बना दिया। क्या आपको यह नहीं सीखना चाहिये कि किस तरह किसी डिपार्टमेंट में जान फूँकी जाती है और माहौल को ख़ुशनुमा बनाया जाता है?'

'हाँ। बिलकुल! परंतु आप मेरे लिये यह क्यों करेंगे?'

'इस छोटे फिश मार्केट समुदाय का हिस्सा होने के नाते और आपने यहाँ जो अनुभव किया है उसने मेरी ज़िंदगी को पूरी तरह बदल दिया है। मैं आपको अपनी व्यक्तिगत कहानी सुनाकर बोर नहीं करूँगा, पर यह सच है कि जब मैं यहाँ आया था तो मेरी ज़िंदगी पूरी तरह चौपट थी। यहाँ काम करने से मेरी ज़िंदगी बच गयी है। यह तर्क लचर लगेगा, परंतु मुझे लगता है कि मुझे इस ख़ुशनुमा ज़िंदगी के प्रति अपनी कृतज्ञता दर्शाने के लिये दूसरों की मदद करनी चाहिये। आपने अपनी समस्या

31

बता कर मेरे लिये रास्ता आसान कर दिया है। मुझे पूरा भरोसा है कि आपको यहाँ अपने सवालों के जवाब मिल सकते हैं। हमने यहाँ बहुत ऊर्जावान माहौल बना लिया है।' जब वह **ऊर्जा** शब्द कह रहा था, तो एक केंकड़ा उड़ रहा था और कोई टैक्सॉस के अंदाज़ में बोल रहा था, 'पाँच केंकड़े विस्कॉन्सिन की तरफ़ उड़ रहे हैं'। इसके बाद सामूहिक गूंज सुनाई दी, 'पाँच केंकड़े विस्कॉन्सिन की तरफ़ उड़ रहे हैं'।

'बिलकुल ठीक बात है,' उसने ज़ोर से हँसते हुये जवाब दिया। 'अगर इस फिश मार्केट में कोई ख़ास बात है तो वह है ऊर्जा। तो हमारा सौदा पक्का हुआ।' उसने अपनी घड़ी की तरफ़ देखा और यह महसूस किया कि उसे लंच के समय तक ऑफिस पहुँचने के लिये तेज़-तेज़ चलना होगा। उसे ज़रा भी संदेह नहीं था कि उसके आने और जाने के समय पर उसके स्टाफ की पूरी नज़र होगी।

लॉनी ने उसे घड़ी देखते हुए देखा और उसने कहा, 'अरे, आप कल अपनी लंच की छुट्टी में क्यों नहीं आ जातीं – और कल दही के दो कप लाना मत भूलना।'

वह मुड़ा और उसने तत्काल वाइकिंग जैकेट पहने हुए एक युवक की मदद करना शुरू कर दिया जिसे कॉपर रिवर साल्मन फिश और किंग साल्मन फिश में फ़र्क़ समझ में नहीं आ रहा था।

दुबारा जाना

मंगलवार को लंचटाइम में वह तेज़ कदमों से फिर उस मार्केट में पहुँच गयी। लॉनी शायद उसी की राह देख रहा था; वह तत्काल भीड़ में से निकला और उसे एक क़रीब के रेस्तरां में ले गया।

फिश!

'हॉल के आख़िर में कुछ टेबल हैं,' उसने कहा और वे दोनों वहाँ पहुँच गये जहाँ से उन्हें मार्केट का पूरा नज़ारा दिख रहा था। लॉनी और मैरी जेन ने मैरी के लाये हुये दही के कप खाये। मैरी जेन ने उससे फिश मार्केट के बारे में पूछा। जब लॉनी उसे वहाँ के कामों के बारे में बता रहा था तो मैरी को यह सब बहुत आकर्षक नहीं लगा। उसे यह ताज्जुब हुआ कि इतने बोरिंग काम को ये लोग इतने अच्छे तरीके से कैसे कर लेते हैं। इसके बाद उसे पाइक प्लेस फिश मार्केट के कर्मचारियों का व्यवहार और भी ज़ोरदार लगने लगा।

लॉनी ने उन बहुत से बोरिंग कामों का वर्णन किया जो उसे वहाँ हर रोज़ करने पड़ते थे। यह सुनने के बाद मैरी जेन ने कहा, 'ऐसा लगता है कि आपके और मेरे काम में बहुत सी बातें एक जैसी हैं।'

लॉनी ने उसकी तरफ़ देखा, 'वाकई?'

'हाँ, हमारा स्टाफ जो काम करता है उसमें से ज़्यादातर काम नीरस और एक सरीखा होता है। फिर भी वह काम महत्वपूर्ण होता है। हमारे पास कोई ग्राहक नहीं आता परंतु अगर हम कोई गलती कर दें तो ग्राहक नाराज़ हो जाता है और हमारी बहुत आलोचना होती है। अगर हम कोई काम अच्छी तरह से कर देते हैं तो कोई उस तरफ़ ध्यान नहीं देता है। आम तौर पर हमारा काम बोरिंग होता है। आपका काम भी बोरिंग है पर आप उसे रोचक तरीके से करते हैं। मुझे यह बात बहुत पसंद आयी।'

'क्या आपने कभी यह सोचा है कि किसी आदमी के लिये कोई भी काम बोरिंग हो सकता है? कुछ फिश मार्केट वाले तो बिज़नेस के लिये सारी दुनिया का चक्कर लगाते हैं। मुझे यह बहुत रोमांचक लगता है, परंतु उन लोगों का यह कहना है कि यह बहुत जल्दी पुराना पड़ जाता है। मेरा मानना है कि कोई भी काम नीरस हो सकता है।'

फिश!

'मैं आपकी बातों से पूरी तरह सहमत हूँ। जब मैं किशोरावस्था में थी, तो मुझे एक ऐसा काम मिला था जिसके सपने बहुत सी किशोरियां देखा करती थीं: मुझे मॉडलिंग का एक कॉन्ट्रैक्ट मिला था। परंतु पहले महीने में ही मुझे इतनी बोरियत हो गयी कि मैं फूट-फूटकर रोने लगी। ऐसा लगता था जैसे सब लोग चारों तरफ़ खड़े हुये इंतज़ार कर रहे हों। समाचार पढ़ने वालों को ही देखिये। मैंने यह जान लिया है कि उनमें से कई तो दूसरे लोगों के लिखे हुए समाचारों को ही पढ़ते रहते हैं और इसके अलावा कुछ नहीं करते। तो यह भी बोरिंग लगता है — कम से कम मुझे तो ऐसा ही लगता है।'

'ओ के। अगर हम इस बात पर सहमत हैं कि कोई भी काम बोरिंग हो सकता है तो क्या हम इस बात पर भी सहमत हो सकते हैं कि कोई भी काम ऊर्जा और उत्साह के साथ किया जा सकता है ?'

'मुझे पूरा भरोसा नहीं है। क्या आप मुझे कोई उदाहरण दे सकते हैं ?'

'यह तो आसान है। मार्केट का एक चक्कर लगाइये और फिश की दूसरी दुकानों को देखिये। वहाँ सन्नाटा छाया होगा। वे लोग, जैसा आपने कहा था, **ढीलों का कचराघर** हैं। वे लोग जिस तरह से काम करते हैं, वह हमारे बिज़नेस के लिये बहुत अच्छा है। मैंने आपको यह बता ही दिया है कि **पाइक प्लेस फिश मार्केट** भी पहले उन्हीं जैसा नीरस हुआ करता था। फिर हमने एक अद्भुत बात खोजी। *हालांकि काम के बारे में विकल्प नहीं होता, परंतु आप किस तरह से काम करते हैं, इस बारे में विकल्प हमेशा होता है।* यह हमारा सबसे बड़ा सबक है, जो हमने विश्वप्रसिद्ध **पाइक प्लेस फिश मार्केट** बनाते समय सीखा। *हम अपने काम को किस नज़रिये और रवैये से करेंगे, यह हम चुन सकते हैं।*

अपना रवैया चुनें

मैरी जेन ने नोटपैड निकाला और उस पर लिखा :

हालांकि काम के बारे में विकल्प नहीं होता, परंतु आप किस तरह से काम करते हैं, इस बारे में विकल्प हमेशा होता है।

फिर उसने अपने लिखे हुए शब्दों के बारे में सोचा और पूछा, 'काम के बारे में हमारे पास विकल्प क्यों नहीं होता?'

'आपने बहुत अच्छी बात पूछी है। आप अपनी नौकरी छोड़ सकते हैं और इस तरह से आपके पास काम के बारे में विकल्प होता है। परंतु अगर आपके पास ज़िम्मेदारियां हैं या और भी इसी तरह की बातें हैं तो शायद ऐसा करना समझदारी नहीं होगी। विकल्प से मेरा यही मतलब था। दूसरी तरफ़, आपके पास काम करने के तरीके के बारे में हमेशा विकल्प होता है।'

लॉनी ने कहना जारी रखा, 'मैं आपको अपनी दादी के बारे में बताता हूँ। वे अपने काम को बड़े प्यार से और खुशी से करती थीं। हम सभी नाती-पोतों को किचन में उनकी मदद करना अच्छा लगता था क्योंकि दादी के साथ बर्तन धोने में भी मज़ा आता था। इस प्रक्रिया में किचन का बहुत सा काम निपट जाता था। हम बच्चों को सचमुच बहुमूल्य चीज़ मिलती थी – एक प्रेम करने वाला वयस्क।'

35

फिश!

'मैं अब समझ सकता हूँ कि मेरी दादी को बर्तन धोने से प्रेम नहीं था। वे प्रेम के रवैये को बर्तन धोने तक लायी थीं, और उनकी यह भावना संक्रामक थी।'

'इसी तरह, मेरे दोस्तों ने और मैंने यह पाया कि जब भी हम फिश मार्केट आते हैं हम एक रवैये के साथ आते हैं। हम एक ख़राब रवैया लाकर अपने दिन को बुरा बना सकते हैं। हम एक अड़ियल रवैये के साथ आकर अपने साथियों और ग्राहकों को परेशान कर सकते हैं। या हम एक अच्छा, मज़ेदार, खुशनुमा रवैया ला सकते हैं और एक बेहतरीन दिन गुज़ार सकते हैं। हम किस तरह का दिन गुज़ारना चाहते हैं, इसका चुनाव हम ही करते हैं। हमने इस चुनाव या विकल्प के बारे में काफ़ी बातें कीं और यह महसूस किया कि जब तक हम काम करेंगे, तब तक हमें यही कोशिश करनी चाहिये कि हमारा दिन अच्छे से अच्छा गुज़रे। क्या आपको ये बातें समझ में आ रही हैं ?'

'बिलकुल।'

'वास्तव में, हम अपने विकल्पों को लेकर इतने रोमांचित हो गये थे कि हमने विश्वप्रसिद्ध होने का विकल्प भी चुन लिया। साधारण तरीके से दिन गुज़ारने से बेहतर और ज़्यादा मज़ेदार था 'विश्वप्रसिद्ध होकर' दिन गुज़ारना। आप समझ रही हैं न, मैं क्या कहना चाहता हूँ ? फिश मार्केट में काम करना ठंडा, गीला, बदबूदार, चिपचिपा, कठिन होता है। परंतु जब हम यह काम करते हैं तो हम इसके बारे में एक रवैया भी लेकर आते हैं।'

'हाँ, मुझे लगता है कि मैं समझ रही हूँ। आपने उस रवैये को चुना जिसके साथ आप हर रोज़ काम पर आते हैं। यह विकल्प आपके काम

के तरीके को तय करता है। जब तक आप यहाँ हैं, तब तक साधारण के बजाय क्यों न विश्वप्रसिद्ध बनने का विकल्प चुना जाए? यह बहुत आसान नज़र आता है।'

'समझने में तो यह आसान है, पर करने में बहुत कठिन है। हमने रातोंरात इस जगह को ऐसा नहीं बनाया है; इसमें लगभग एक साल लग गया। ख़ुद को बदलने में ही मुझे बहुत समय लग गया – आप यह कह सकती हैं कि पहले मेरे कंधों पर समस्याओं का ढेर सारा बोझ लदा हुआ था। मेरी निजी ज़िंदगी भी पूरी तरह बेक़ाबू थी। मैंने इस बारे में दरअसल कभी सोचा ही नहीं था, और बस यह अनुमान लगा लिया था कि ज़िंदगी इसी तरह से चलती है। ज़िंदगी कठोर थी और मैं भी ऐसा ही बन गया – मैं भी कठोर बन गया। फिर जब हमने एक अलग तरह का फिश मार्केट बनाने का फैसला किया तो मैंने इस विचार का विरोध किया कि मैं यह विकल्प चुन सकता हूँ कि हर दिन मैं कैसे जियूंगा। मैंने अपना बहुत समय तो ख़ुद को ज़िंदगी का शिकार साबित करने में ही गंवा दिया था। एक बुज़ुर्ग आदमी, जो ख़ुद भी कठोर समय झेल चुके थे, मुझे एक तरफ़ ले गये और उन्होंने मुझे उस तरह समझाया, जिस तरह एक फिश बेचने वाला दूसरे फिश बेचने वाले को समझाता है। मैंने भी गंभीरता से इस पर विचार किया और यह फैसला किया कि मैं कोशिश करके देखूँगा। तब से मुझे इस पर भरोसा हो गया है। कोई भी आदमी अपना रवैया चुन सकता है। मैं यह जानता हूँ क्योंकि मैंने अपना रवैया ख़ुद चुना है।'

मैरी जेन इन बातों से बहुत प्रभावित हुई और साथ ही उस आदमी से भी बहुत प्रभावित हुई जो यह बातें बोल रहा था। उसने नज़रें उठाकर देखा कि लॉनी उसकी तरफ अचरज भरी निगाहों से देख रहा

था। मैरी समझ गयी कि वह दिन में सपने देख रही थी। 'सॉरी। मैं कोशिश करके देखती हूँ। यहाँ पर आपके सफल होने के पीछे और कौन सी बातें महत्वपूर्ण हैं ?'

'चार बातें हैं, परंतु यह सबसे महत्वपूर्ण है। अपने रवैये को चुने बिना बाक़ी बातें समय की बर्बादी हैं। तो हम यहीं पर रुक जाते हैं और बाक़ी की तीन बातों को बाद के लिये रख लेते हैं। पहली बात को आज़माकर देखिये कि आप तीसरी मंज़िल पर क्या कर सकती हैं। मुझे फोन करके बता दीजियेगा कि आप बाक़ी बातों पर कब चर्चा करना चाहती हैं। क्या आपको मेरा फोन नंबर मालूम है ?'

'आपकी दुकान पर चारों तरफ़ आपका नंबर लिखा हुआ है।'

'अरे हाँ। हम लोग बिलकुल संकोच नहीं करते, है ना ? फिर मिलते हैं। और हाँ, दही के लिये धन्यवाद।'

बदलने का साहस

मैरी जेन अगले दो दिन तक ऑफिस के काम की चक्की में पिसती रही। या कम से कम उसका बहाना तो यही था। परंतु बार-बार उसे लॉनी की बातें याद आ जाती थीं और यह विचार भी कि आप अपने काम पर आते समय अपने रवैये को चुन सकते हैं। उसने यह महसूस किया कि हालांकि वह फिश मार्केट की फिलॉसफी से सहमत थी, फिर भी कोई चीज़ उसे आगे नहीं बढ़ने दे रही है। उसने सोचा, ***जब भी शंका हो, ज़्यादा आंकड़े जुटाओ, ज़्यादा जानकारी हासिल करो।***

शुक्रवार को उसने फैसला किया कि वह बिल से पूछेगी कि उनके

फिश!

बॉस ने जिस सेमिनार में भाग लिया था उसमें उत्साह और जोश के बारे में क्या कहा गया था। उनके अनुभव से सीखने में ज़्यादा समझदारी थी। उस दोपहर को उसने बिल को फोन किया।

'बिल, हमारे बॉस ने उत्साह और जोश के बारे में जिस सेमिनार में हिस्सा लिया था, उसके बारे में विस्तार से बताएं।'

'क्यों, तुम्हें उसकी क्या जरूरत है? ये 'नये ज़माने की' बातें हैं। शायद उन्होंने अपना ज़्यादातर समय हॉट टब में नहाने में बिताया होगा। तुम इन बातों में अपना समय क्यों बर्बाद करना चाहती हो?'

अब मैरी जेन को गुस्सा आने लगा था। उसने एक गहरी साँस ली। 'देखो, बिल, जब मैंने यह ज़िम्मेदारी ली थी तो हम दोनों ही जानते थे कि हमें बहुत सारा काम करना है। अब चुनौतियां बहुत बढ़ चुकी हैं और हमारे पास समय बहुत कम है। आप भी इसमें उतने ही फंसे हुए हैं, जितनी कि मैं। क्या आप मेरी मदद करेंगे, या आप मुझे परेशान करना चाहते हैं?'

मुझे यक़ीन ही नहीं हो रहा कि मैंने यह सब कह दिया, उसने सोचा। परंतु यह कहने में मज़ा बहुत आया।

बिल ने अच्छी तरह जवाब दिया। इस तरह भिड़ने वाली शैली ने वास्तव में उसे ज़्यादा आरामदेह और मिलनसार बना दिया। 'ओ के। इस तरह गुस्सा होने की क्या बात है? मेरे पास उस सेमिनार का एक ऑडियो टेप है जो मेरी डेस्क पर रखा हुआ है। मुझे उस टेप को सुनना था, परंतु मुझे ज़रा भी समय नहीं मिला। तुम यह टेप ले जाओ और मेरे बदले में सुन लो।'

'ठीक है, बिल। मैं आती हूँ और टेप ले जाती हूँ।'

एक यादगार यात्रा

बेलेव्यू की यात्रा में बहुत बम्पर आये, पर मैरी जेन का ध्यान उन पर गया ही नहीं। वह अपनी स्थिति के बारे में सोच रही थी। *मैंने अपना आत्मविश्वास कब खो दिया था?* उसने अपने आपसे हैरानी से पूछा। *बिल से इस तरह बातें करना पहला बहादुरी का काम था जो उसने इतने लंबे समय में पहली बार किया था। ठीक-ठीक कहा जाये तो दो साल में,* यह तो बहुत सोचने वाली बात है! परेशान होकर उसने कैसेट प्लेयर में बिल का टेप लगा दिया।

कार स्टीरियो के स्पीकर्स से एक गहरी, गूंजती हुई आवाज़ आने लगी जो जादुई और चुंबकीय थी। टेप में एक कवि की कविता की रिकॉर्डिंग थी, जो अपनी कविता को अपने ऑफिस में ले जाता था क्योंकि उसका यह मानना था कि कविता की भाषा से हमें अपनी रोज़मर्रा की समस्याओं का मुकाबला करने में मदद मिल सकती है। उसका नाम डेविड व्हाइट था। वह कुछ देर बातें करता था और फिर अपनी एक कविता सुनाता था। उसकी कविताओं और कहानियों की लहरों ने मैरी जेन को सराबोर कर दिया। शब्द निकलकर उसके चारों तरफ़ कूदने लगे।

संगठन की ज़रूरतें भी वही रहती हैं, जो कर्मचारी के रूप में हमारी ज़रूरतें होती हैं। रचनात्मकता, जोश, लचीलापन, लगन, पूरा मन लगना.....

'हाँ', उसने सोचा।

फिश!

हम गर्मियों में कार को ऑफिस के सामने पार्क करते समय अपनी खिड़कियों को थोड़ा-सा खुला इसलिये नहीं रखते क्योंकि हम गर्मी से अंदर के सामान को बचाना चाहते हैं बल्कि हम ऐसा इसलिये करते हैं क्योंकि हमारा केवल साठ प्रतिशत हिस्सा ही ऑफिस में जाता है और बाकी का चालीस प्रतिशत हिस्सा कार के अंदर ही रह जाता है और उस हिस्से को साँस लेने के लिये जगह चाहिये होती है। कितना अच्छा हो, अगर हम अपने सौ प्रतिशत हिस्से के साथ अपने ऑफिस आएं?

यह आदमी कौन है? तभी बिना चेतावनी के डेविड व्हाइट ने अपनी कविता **फेथ** सुनाना चालू कर दी और वह भावविव्हल हो गयी। कवि ने अपने श्रोताओं के सामने यह कहते हुए इसका परिचय दिया कि उसने यह कविता ऐसे समय में लिखी थी जब उसमें ख़ुद बहुत कम आस्था थी, या आत्म विश्वास था।

आस्था (Faith)

डेविड व्हाइट

मैं आस्था के बारे में लिखना चाहता हूँ
इस बारे में कि चंद्रमा किस तरह ठंडी बर्फ
के ऊपर, एक रात, फिर दूसरी रात उगता है

आस्थावान रहता है हालांकि यह पूर्णता से धीरे-धीरे
दूज का चाँद बनता है और रोशनी की छिपटी बनता हुआ
आख़िरकार अंधेरे का रूप धर लेता है

पर मैं ख़ुद आस्थावान नहीं हूँ
मैं इसे ज़रा भी दाख़िल नहीं होने देता

तो फिर मेरी यह नन्हीं कविता,
एक नये चाँद की तरह, दुबली और अधखुली,
मेरी पहली प्रार्थना बन जाए
और मेरे लिये आस्था का द्वार खोल दे।

फिश!

तो यही उस कहावत का मतलब है, 'स्टुडेन्ट तैयार हो तो टीचर मिल ही जाता है।' इस कविता ने उसे अंतर्दृष्टि प्रदान की और मैरी जेन को आख़िरकार वह चीज़ समझ में आ गई जो उसे आगे नहीं बढ़ने दे रही थी। डैन की अचानक मौत के बाद और अकेली माँ होने के दबावों को झेलने के बाद उसकी ख़ुद में आस्था खत्म हो गयी थी कि वह इस दुनिया में अकेले जी पायेगी। वह जोखिम लेने से डरने लगी थी। उसे असफल होने का डर लगा रहता था क्योंकि इसके बाद उसका और उसके बच्चों का भार कौन उठाता ?

नौकरी में बदलाव जोखिम भरा होता। वह असफल हो सकती थी और उसकी नौकरी छूट सकती थी। यह बहुत दूर की संभावना थी, पर फिर भी संभावना तो थी। फिर उसने सोचा कि न बदलने के क्या-क्या ख़तरे हो सकते हैं। *अगर हम नहीं बदलते, तो हो सकता है कि हम सबकी नौकरियां चली जायें। यही नहीं, मैं ऐसी जगह पर काम नहीं करना चाहती जहाँ न उत्साह हो, न जोश हो। मैं जानती हूँ कि लंबे समय में मेरे लिये इसका नतीजा क्या निकलेगा और वह तस्वीर कोई बहुत अच्छी नहीं है। अगर मैं ऐसा होने देती हूँ तो मैं कैसी माँ बनूँगी ? मैं किस तरह की मिसाल कायम करूँगी ? अगर मैं सोमवार को बदलाव की प्रक्रिया शुरू करती हूँ तो मेरा पहला कदम अपना रवैया बदलना होना चाहिये। मैं आस्था का विकल्प चुनती हूँ। मुझे यह भरोसा करना ही होगा कि चाहे कुछ भी हो मैं सही सलामत रहूँगी।*

मैं अकेले ज़िंदा रह सकती हूँ; मैंने यह साबित कर दिया है। चाहे कुछ भी हो जाये, मैं सही सलामत रहूँगी। अब ढीलों के कचराघर को साफ़ करने का वक़्त आ चुका है। सिर्फ़ इसलिये नहीं क्योंकि यह बिज़नेस के लिये अच्छा रहेगा– हालांकि मुझे विश्वास है कि यह बिज़नेस के लिये बहुत अच्छा रहेगा। और सिर्फ़ इसलिये नहीं क्योंकि मुझे इस

समस्या को सुलझाने की चुनौती मिली है – यह एक महत्वपूर्ण कारण है, परंतु यह भी एक बाहरी कारण है। आगे बढ़ने का सबसे बड़ा कारण भीतरी है। मुझे ख़ुद में अपनी आस्था को एक बार फिर जगाना होगा और इस समस्या को सुलझाने से मुझे ऐसा करने में मदद मिलेगी।

उसे टेप की कुछ लाइनें याद आईं : 'मैं नहीं मानता कि कंपनियां जेल होती हैं, परंतु कई बार हम लोग उन्हें जेल बना लेते हैं क्योंकि हम वहाँ पर काम करने का ऐसा ही तरीका चुनते हैं जैसे हम क़ैदी हों। मैंने एक जेल बना ली है और इसकी दीवारें आत्मविश्वास की कमी से बनी हुई हैं।'

जेल का प्रतीक जाना-पहचाना लग रहा था – उसे पक्का यक़ीन था कि उसने इसे किसी सेमिनार में सुना था। जैसे ही वह झूलाघर पहुँची, उसने अपनी कार पार्क की, अपनी डायरी निकाली और लिखा :

---

*ज़िंदगी इतनी कीमती है कि **ढीलों के कचराघर** में ज़रा सा भी समय बर्बाद नहीं किया जाना चाहिये जबकि मैं हर रोज़ अपने बहुत से घंटे यहाँ बर्बाद कर रही हूँ। मैं इस तरह से नहीं जीना चाहती और मुझे विश्वास है कि अगर मेरे साथियों को विकल्पों का ज्ञान हो जाए तो वे भी ऐसा ही सोचने लगेंगे।*

मेरे डिपार्टमेंट की यह संस्कृति बहुत लंबे समय से चली आ रही है। इस संस्कृति को बदलने के लिये मुझे कई

फिश!

निजी जोखिम लेने होंगे और वह भी बिना सफलता की गारंटी के। यह एक वरदान हो सकता है। हाल की घटनाओं ने मेरे आत्मविश्वास को डिगा दिया था और जोखिम लेने से मेरा आत्मविश्वास बढ़ सकता है। सच्ची बात तो यह है कि कुछ करने का जोखिम उतना बड़ा नहीं होता, जितना बड़ा होता है कुछ न करने का जोखिम।

मेरी फाइलों में कहीं पर एक संदेश लगा हुआ है जो इस समय मेरी मदद कर सकता है। मुझे वह संदेश ढूंढना होगा क्योंकि इस समय मुझे मदद की सख़्त ज़रूरत है।

इसके साथ ही वह कार से बाहर निकली और अपनी बेटी को लेने चल दी।

'मम्मी, मम्मी। आपकी आँखें तो गीली हैं। क्या आप रो रही थीं? क्या कुछ गड़बड़ है, मम्मी?'

' हाँ, बेटा, मैं रो रही थी, परंतु यह अच्छा वाला रोना था। तुम्हारा दिन कैसा गुज़रा?'

'मैंने अपने परिवार की तस्वीर बनायी है, क्या तुम देखोगी?'

'क्यों नहीं?' उसने देखा कि उसकी लड़की ने चार लोगों की तस्वीरें बनायी थीं। 'यह क्या?' उसके मुँह से निकला। आस्था का एक और इम्तहान।

'अपना सामान ले आओ, बेटा; अब हम ब्रैड को लेने चलते हैं।'

रविवार दोपहर

रविवार की दोपहर मम्मी का खाली समय होता था। मैरी जेन ने हर रविवार को कम से कम दो घंटे के लिये एक आया का इंतज़ाम कर लिया था। इस तरह वह ख़ुद को एक छोटा सा पुरस्कार दिया करती थी, एक ऐसा पुरस्कार जिससे वह तरोताज़ा हो जाती थी और वह अपनी नौकरी व अपने परिवार की चुनौतियों का सामना करने के लिये तैयार हो जाती थी। वह इस समय में प्रेरणादायक पुस्तकें या लेख पढ़ती थी, या कोई अच्छा उपन्यास, या फिर वह बाइक चलाती थी, या केवल कॉफी पीकर आराम करती थी। सिएटल में कॉफी शॉप्स की कमी नहीं थी और उसके घर के पास ही एक बढ़िया कॉफी हाउस था। उसने कुछ किताबें उठाईं और बाहर चल दी। दुकान के एक अंतरंग कोने में उसकी मनपसंद टेबल उसका इंतज़ार कर रही थी।

'कॉफी दीजियेगा।' वह कॉफी के कप के साथ बैठ गयी और उसने कुछ प्रेरणादायक सामग्री पढ़ने का फैसला किया। उसने सारा बैन ब्रेथनैख की **सिम्पल एबन्डैन्स** की अपनी जर्जर प्रति निकाली। इस पुस्तक में साल के हर दिन के लिये एक विचार था। उसने 8 फरवरी का पन्ना खोला। पेज पर लिखे हुए शब्द उसकी आँखों के सामने कूद पड़े –

> हममें से ज़्यादातर लोग उलझन में पड़ जाते हैं जब हम ख़ुद को कलाकार के रूप में लेते हैं...... परंतु हममें से हर कोई एक कलाकार है...... हर *विकल्प* के साथ, हर दिन, आप कला की एक अद्भुत कृति का सृजन करते

हैं। कोई ऐसी चीज़, जो केवल आप ही कर सकते हैं...
.. आप इसीलिये पैदा हुए हैं क्योंकि आपको दुनिया में
अपनी अमिट छाप छोड़नी है। यह आपकी *प्रामाणिकता*
है, वास्तविकता है..... अपनी रचनात्मक इच्छाओं का
सम्मान करिये...... आस्था से कदम बढ़ाइये..... आप यह
जान जाएंगे कि आपके विकल्प भी उतने ही प्रामाणिक हैं
जितने कि आप। इससे भी बड़ी बात यह है कि आप यह
जान जाएंगे कि आपकी ज़िंदगी का कुल मिलाकर यही
मतलब है – कृतज्ञता का एक सुखद गीत।

उसने अपने काम के बारे में थोड़ा सोचने की योजना बनाई थी
और विकल्प तथा आस्था के बारे में लिखे गये शब्द एक बार फिर उसे
फिश मार्केट में ले गये। वे लोग कलाकार हैं, उसने सोचा, और वे हर
दिन अपनी कला का विकल्प चुनते हैं। और फिर उसके मन में एक
आश्चर्यजनक विचार आया : *मैं भी तो कलाकार बन सकती हूँ।*

इसके बाद, उसने लीडरशिप के सेमिनार की फाइल उठायी,
जिसमें उसने हिस्सा लिया था। यहीं पर उसने पहली बार नौकरी की
तुलना जेलखाने से होते सुनी थी। फाइल में जॉन गार्डनर के लिखे भाषण
की फोटोकॉपी थी। उसे याद आया कि गार्डनर लोगों को प्रोत्साहित किया
करते थे कि वे उनके भाषणों की फोटोकॉपी बांटा करें। कितना उदार
व्यक्ति था, उसने सोचा। *उसकी बात में कुछ न कुछ दम तो होगा,
तभी तो इतने समय बाद भी मुझे उसकी याद आ रही है।* उसने
भाषण को पलटाया, एक-एक पेज।

जॉन गार्डनर की लेखनी

यह उद्धरण इस तरह शुरू हुआ –

यह एक पहेली है कि कुछ आदमी और औरतें क्यों मुर्दा हो जाते हैं, जबकि बाक़ी लोग अपनी ज़िंदगी के आख़िरी दिनों तक जोशीले रहते हैं। **मुर्दा होना** शायद एक अस्पष्ट वाक्यांश है। इसके बजाय मुझे यह कहना चाहिये कि कई लोग ज़िंदगी के बीच रास्ते में ही सीखना और आगे बढ़ना बंद कर देते हैं।

मैरी जेन ने यह सोचते हुए ऊपर की तरफ़ देखा, ***यह मेरे स्टाफ के बारे में सही है। और यह मेरे अतीत के बारे में भी सही है।*** वह 'मेरे अतीत' वाक्यांश के प्रयोग पर मुस्करायी। वह एक बार फिर उद्धरण पढ़ने लगीः

कारणों को खोजते समय हमें उदार होना चाहिये। शायद ज़िंदगी में उनके सामने इतनी कठिन समस्याएं आयी होंगी जिनका समाधान उनके पास नहीं रहा होगा। शायद किसी चीज़ से उनके आत्मविश्वास या आत्मसम्मान को ठेस लगी हो.... या हो सकता है वे इतने लंबे समय तक भागते रहे हों कि वे यह भी भूल गये हों कि वे किस चीज़ के लिये भाग रहे थे।

मैं उन लोगों के बारे में बात कर रहा हूँ जो चाहे कितने भी व्यस्त नज़र आते हों पर उन्होंने सीखना और आगे बढ़ना बंद कर दिया है। मैं इसकी आलोचना नहीं करता। ज़िंदगी बहुत कठोर होती है। कई बार तो ज़िंदा

रहना भी हिम्मत का काम होता है....

हमें इस तथ्य का सामना करना पड़ेगा कि ज़्यादातर लोगों की नौकरी इतनी बासी होती है कि वे ख़ुद भी यह नहीं जानते, इतनी बोरिंग होती है कि वे बता ही नहीं सकते....

एक प्रसिद्ध फ्रांसीसी लेखक ने कहा है, 'ऐसे भी लोग होते हैं जिनकी घड़ियां ज़िंदगी के किसी मोड़ पर रुक जाती हैं।' मैंने बहुत से लोगों को इसी तरह ज़िंदगी गुज़ारते देखा है। जैसा योगी बेरा का कहना था, 'आप अगर ध्यान से देखें तो आप बहुत सी चीज़ें समझ सकते हैं।' ***मेरा मानना है कि ज़्यादातर लोग ज़िंदगी में, हर वक़्त, सीखना और आगे बढ़ना पसंद करते हैं।*** अगर हम यह जान जाएं कि मुर्दा होने में कितना बड़ा जोखिम है तो हम इससे बचने के उपाय खोज सकते हैं। अगर आपकी घड़ी की चाबी ख़त्म हो गयी हो, तो आप इसमें दुबारा चाबी भर सकते हैं।

मैं आपके बारे में ऐसा कुछ जानता हूँ जो शायद आप अपने ख़ुद के बारे में भी नहीं जानते। आपके भीतर ऊर्जा और जोश के इतने बड़े स्रोत छुपे हैं जिनका आपने अभी तक दोहन नहीं किया है। आपमें इतनी ख़ूबियाँ हैं जिनका इस्तेमाल आपने अब तक नहीं किया है। आपमें इतनी ताक़त है जिसे आपने अब तक नहीं परखा है। और आपमें देने के लिये इतना ज़्यादा है जितना आपने अब तक नहीं दिया है।

49

कोई ताज्जुब नहीं कि मुझे जॉन गार्डनर अब तक याद हैं। मुझे बहुत सी घड़ियों में चाबी भरना है, परंतु मुझे जिस घड़ी में सबसे पहले चाबी भरना है वह मेरी ख़ुद की ज़िंदगी की घड़ी है, उसने सोचा।

अगले घंटे में मैरी जेन ने अपनी डायरी लिखी और वह यह जानकर खुश हुई कि वह अब शांत हो चुकी थी। जब वह घर लौटने के लिये तैयार हुई तो उसने अपने लिखे हुए शब्दों पर नज़र डाली और उस भाग पर गोला लगाया जो सोमवार की सुबह उसका मार्गदर्शक बनने वाला था।

ढीलों के कचरेघर की समस्या को सुलझाने के लिये मुझे हर क्षेत्र में अपने स्टाफ का लीडर बनना होगा। मुझे असफलता का ख़तरा भी उठाना पड़ेगा। कोई भी बंदरगाह सुरक्षित नहीं होता। परंतु कोई भी कदम न उठाने का मतलब है निश्चित रूप से असफल होना। इसलिये मुझे शुरू तो करना ही होगा। मेरा पहला कदम होगा अपना रवैया बदलना। मैं विश्वास, आस्था और लगन का विकल्प चुनती हूँ। जब मैं फिश मार्केट की शिक्षा का इस्तेमाल अपने ढीलों के कचरेघर में करूंगी तब मैं अपनी घड़ी में चाबी भरूंगी और सीखने तथा आगे बढ़ने के लिये तैयार रहूंगी।

सोमवार सुबह

सुबह साढ़े पाँच बजे उसे थोड़ा-सा अपराधबोध हुआ जब वह अपनी बेटी के झूलाघर का दरवाज़ा खुलने का इंतज़ार कर रही थी। ऐसे गिने-चुने दिनों में ब्रैड भी झूलाघर में रुक जाता था जब तक कि उसकी स्कूल बस नहीं आ जाती थी। उसने अपने उनींदे बच्चों को देखा और कहा, 'मैं तुम लोगों को इतनी जल्दी बिस्तर से नहीं उठाती, बच्चों, पर आज मुझे ऑफिस पहुँचकर एक बहुत महत्वपूर्ण काम करना है।'

ब्रैड ने अपनी आँखें मलीं और कहा, 'कोई बात नहीं, माँ।' फिर स्टैसी ने भी कहा, 'अरे, यहाँ सबसे पहले पहुँचना तो अच्छी बात है। हमें अपने मनपसंद वीडियो गेम छांटने का मौक़ा सबसे पहले मिलेगा।'

जब दरवाज़े खुले, तो मैरी जेन ने उन्हें भीतर दाख़िल करवाया और उन्हें गले लगाया। जब उसने पीछे मुड़कर देखा तो वे व्यस्त दिख रहे थे।

रास्ता आसान था, और 5.55 तक वह अपनी डेस्क पर कॉफी के कप और पैड के साथ पहुँच चुकी थी। उसने अपना पेन निकाला और बड़े अक्षरों में लिखा—

अपना रवैया चुनें

उपाय :

❖ एक मीटिंग बुलाओ और दिल की बात कह दो।

❖ एक ऐसा संदेश खोजो जो अपना रवैया चुनने की बात को इस तरह से कह दे कि हर कोई आपकी बात समझ सके और मानने के लिये तैयार हो।

❖ लोगों को प्रेरित करो।

❖ आस्था और विश्वास रखो।

अब इस योजना का कठिन हिस्सा सामने था। यहाँ पर मैं अपने स्टाफ से क्या कहने जा रही हूँ? और उसने अपने विचार लिखने शुरू कर दिये।

सोमवार की सुबह को स्टाफ दो शिफ्टों में मिलता था। एक ग्रुप फोन सुना करता था जबकि दूसरा कॉन्फ्रेंस रूम में उसके साथ बैठता था — और फिर ग्रुप बदल जाते थे। जैसे ही पहला ग्रुप इकट्ठा हुआ, उसने परिवार की बातें और सोमवार की सुबह के बारे में शाश्वत शिकायतें सुनीं। *ये अच्छे लोग हैं,* उसने सोचा। जब वे चुप हुए और उसकी बातें सुनने के लिये तैयार हुए तो उसके दिल की धड़कनें बढ़ गईं। *अब मेरा काम शुरू होता है।*

मैरी जेन की मीटिंग

'आज हम एक गंभीर मुद्दे पर बात करने जा रहे हैं। दो हफ्ते पहले हमारे वाइस प्रेसिडेंट एक कॉन्फ्रेंस में गये थे और वहाँ से वे इस यक़ीन के साथ लौटे कि 'फर्स्ट गारंटी' को अधिक ऊर्जावान और उत्साही होना चाहिये। वे यह मानते हैं कि उत्पादकता, सफल नियुक्तियां, लंबी नौकरियां, बेहतर ग्राहक सेवा और आज के बदलते माहौल में प्रतियोगी बने रहने के लिये ज़रूरी बहुत सी बातें तभी संभव हो सकती हैं जब कर्मचारियों में ऊर्जा और उत्साह हो। उन्होंने लीडरशिप ग्रुप की बैठक बुलाई – और उस बैठक में तीसरी मंज़िल को उन्होंने 'ढीलों का कचराघर' कहा। यह सही है, उन्होंने यह कहा कि हमारी मंज़िल ढीलों का कचराघर है और इसकी सफाई ज़रूरी है।'

मैरी जेन ने उनके आश्चर्यचकित चेहरों की तरफ़ देखा। तत्काल लंबे समय से नौकरी कर रहे एडम की तरफ़ से एक कमेंट आया, 'मैं चाहूँगा कि वे यहाँ पर काम करके देखें। यह दुनिया का सबसे बोरिंग काम है।'

फिर सबसे कम ऊर्जावान कर्मचारियों में से एक ने कहा, 'इससे क्या फ़र्क़ पड़ता है कि यहाँ पर ऊर्जा है या नहीं? हम काम तो करते हैं, नहीं क्या?'

किसी ने भी इस बात पर आपत्ति नहीं की कि उन्हें ढीला कहा गया था।

मैरी जेन ने कहना जारी रखा, 'मैं आप लोगों को बताना चाहती हूँ कि यह मामला ठंडा पड़ने वाला नहीं है। वाइस प्रेसिडेंट का उत्साह ठंडा पड़ सकता है और समय के साथ बिल भी इसे भूल सकता है, परंतु

फिश!

मेरा उत्साह ठंडा नहीं पड़ने वाला। आप लोग जान लें कि मैं इस बात से पूरी तरह सहमत हूँ। हम लोग सचमुच ढीलों का कचराघर हैं। कंपनी के दूसरे डिपार्टमेंट वाले हमसे कोई सरोकार रखने से नफरत करते हैं। वे हमें 'गड्ढा' कहते हैं। वे लंच में हमारे बारे में मज़ाक करते हैं। वे हॉल में हम पर हँसते हैं। और वे लोग सही हैं। हममें से कई लोग यहाँ आने से नफरत करते हैं और हम भी इसे 'गड्ढा' कहते हैं। मेरा विचार है कि हम इसे बदल सकते हैं और हमें इसे बदलना चाहिये; मैं आपको यह बताना चाहती हूँ कि क्यों।'

अब आश्चर्यचकित चेहरों पर हवाइयां उड़ रही थीं। पूरी तरह सन्नाटा छाया हुआ था।

'आप लोग मेरी कहानी जानते हैं। किस तरह डैन और मैं इस शहर में अपनी आशाओं, अपने सपनों और अपने दो छोटे-छोटे बच्चों के साथ आये। किस तरह डैन की अचानक मौत के बाद मैं अकेली पड़ गई। किस तरह डैन की बीमे की पॉलिसी में कई बड़े खर्चों का प्रावधान नहीं था। किस तरह मैं एक गंभीर आर्थिक कठिनाई में फंस गई।

'परंतु आप शायद यह नहीं जानते कि मुझ पर इसका क्या असर हुआ। आपमें से कई लोग अकेली माँ हैं या अकेले पिता हैं और समझ सकते होंगे कि मैं क्या कहना चाह रही हूँ। मुझे इस नौकरी की ज़रूरत थी और मेरा आत्मविश्वास ख़त्म हो गया था। मैं बहाव के साथ बहती रही और हर ऐसी चीज़ करने से बचती रही जिससे मेरी सुरक्षा को ख़तरा हो। मज़ेदार बात यह है कि अब मेरी सुरक्षा को सिर्फ़ इसलिये ख़तरा पैदा हो गया है क्योंकि मैं बहाव के साथ बह रही थी। लेकिन, अब पुराने दिन ख़त्म हो चले हैं।

'अब मैं रसातल में हूँ। मुझे अब भी नौकरी की ज़रूरत है, परंतु

मैं अपनी बाक़ी की नौकरी ऐसी जगह पर नहीं करना चाहती जिसे ***ढीलों का कचराघर*** कहा जाता हो। डैन की शिक्षा मुझे अब तक याद है। ***ज़िंदगी इतनी कीमती है कि इसे रिटायरमेंट तक सिर्फ़ गुज़ारना फिजूलखर्ची है।*** हम नौकरी में इतना ज़्यादा समय देते हैं कि हमें इसे बर्बाद करने से बचना चाहिये। मेरा विचार है कि हम अपने ऑफिस को एक बेहतर जगह बना सकते हैं।

'अब एक अच्छी खबर। मैं एक ऐसे सलाहकार को जानती हूँ जो एक विश्वप्रसिद्ध संगठन के लिये काम करता है और वह ऊर्जा तथा उत्साह का विशेषज्ञ है। आप लोग उससे जल्द ही मिलेंगे। आज मैं आप तक उसकी पहली सलाह पहुँचाना चाहती हूँ : ***हम अपना रवैया ख़ुद चुनते हैं।'***

मैरी जेन ने अपना रवैया चुनने की अवधारणा पर चर्चा जारी रखी। फिर उसने पूछा कि क्या कोई इस बारे में सवाल पूछना चाहता है।

स्टीव ने अपना हाथ उठाया। जब मैरी जेन ने सिर हिलाया तो स्टीव ने कहा, 'मान लो कि मैं अपनी कार में जा रहा हूँ और कोई बेवकूफ मुझे कट मार देता है। इससे मुझे गुस्सा आ जाता है और मैं हॉर्न बजाकर या इशारा करके अपना गुस्सा उतारता हूँ, आप समझ रही हैं ना कि मैं क्या कहना चाहता हूँ। ये विकल्प क्या बला हैं ? मैंने तो कुछ नहीं किया था, वो तो सामने वाले की ग़लती थी। मेरे पास कोई विकल्प था ही नहीं।'

'मैं तुमसे एक बात पूछना चाहूँगी, स्टीव। अगर तुम किसी बदमाश इलाक़े से गुज़र रहे होओ, तो भी क्या तुम इसी तरह अपना गुस्सा उतारोगे ?'

स्टीव मुस्कराया। 'सवाल ही नहीं उठता! ऐसा करने से तो मुझे ख़तरा हो सकता है।'

'इसका मतलब है बदमाश इलाके में तो आपके पास प्रतिक्रिया देने के विकल्प होते हैं, पर उपनगरों में आपके पास विकल्प नहीं होते ?'

'ओ.के., मैरी जेन। मैं समझ गया।'

'स्टीव, तुमने बहुत बढ़िया सवाल पूछा है। हम यह तो तय नहीं कर सकते कि दूसरे लोग किस तरह गाड़ी चलाते हैं, परंतु हम अपनी प्रतिक्रिया तो तय कर ही सकते हैं। यहाँ **फर्स्ट गारंटी** में हम अपना काम तो नहीं चुन सकते परंतु हम उस काम को कैसे करें, यह विकल्प तो हमारे पास होता ही है। मैं आप सभी से यह चाहती हूँ कि आप इस बारे में सोचें और देखें कि हम किस तरह से ऐसी चीज़ों को पहचानें जो हमें अपने विकल्पों की याद दिला सकें। आपको शुभकामनाएं। हमारी नौकरी इस बात पर टिकी हुई है।'

दूसरी स्टाफ मीटिंग भी पहली मीटिंग की ही तरह थी। जब किसी ने सवाल नहीं पूछा, तो उसने स्टीव द्वारा पूछे सवाल का ज़िक्र किया। उस समय सुबह के साढ़े दस बज रहे थे। इन मीटिंगों से वह थक चुकी थी, परंतु उसने यह महसूस किया कि अपना रवैया चुनने का यह उसका पहला मौक़ा था। और उसने वह रवैया चुन लिया था।

हफ्ता तेज़ी से गुज़र गया। उसने इस बात का ध्यान रखा कि वह हर रोज़ ऑफिस में घूमती रहे, ताकि अगर किसी को अपना रवैया चुनने के विचार के बारे में उससे कुछ कहना हो, तो वह उससे बात कर सके। जब उसने स्टीव को देखा तो स्टीव बोला, 'आपने तो मुझे स्टाफ मीटिंग में चारों खाने चित्त कर दिया।'

'मुझे आशा है कि इससे तुम्हें नीचा नहीं देखना पड़ा होगा।'

'मैरी जेन, आपने तो मुझ पर एक एहसान किया है। मेरी ज़िंदगी कुछ समय से प्रतिक्रियाओं की एक श्रंखला थी। आपने मुझे याद दिलाया कि मुझे महत्वपूर्ण विकल्प चुनने हैं और अगर मुझमें थोड़ा-सा आत्म-नियंत्रण और साहस हो, तो मैं वह विकल्प चुन सकता हूँ।'

'साहस ?'

'यह आपसी संबंध बिगड़ने की बात है, जिसके बारे में मुझे कुछ न कुछ करना पड़ेगा। अब मैं देख सकता हूँ कि प्रतिक्रिया करने और ख़ुद को बलि का बकरा समझते रहने से समस्या नहीं सुलझ सकती। समस्या का तो सामना करना पड़ेगा। मुझे खेद है कि मैं गोलमोल बातें कर रहा हूँ, पर मेरी समस्या बिलकुल निजी समस्या है।'

'गुड लक, स्टीव। और अपनी कहानी सुनाकर मुझमें भरोसा दिखाने के लिये धन्यवाद।'

'ऐसी बात नहीं है। हम सबको आप पर भरोसा है, मैरी जेन। बात सिर्फ़ इतनी सी है कि यह काम इतना बोरिंग है और हमें हर समय सिर्फ़ शिकायतें ही सुनने को मिलती हैं। हमें ऐसा लगता है जैसे हम पर चारों तरफ से हमले हो रहे हैं। आप अपनी कोशिश जारी रखें; मैं हमेशा आपके साथ हूँ।'

उसे सुखद आश्चर्य हुआ जब उसने प्रोत्साहन के कई शब्द सुने। हालांकि स्टाफ के सदस्यों को पूरी बात तो समझ में नहीं आयी थी, परंतु ज़्यादातर लोग बेहतर माहौल में काम करने के इच्छुक थे।

फिर शुक्रवार को यह हो गया। वह तीसरी मंज़िल पर लिफ्ट से

बाहर निकली तो उसने सामने एक बड़ा पोस्टर देखा। सबसे ऊपर लिखा हुआ था : **अपना रवैया चुनें**, और बीच में ये शब्द लिखे थेः **आज के मीनू के विकल्प**। उसके नीचे दो चित्र बने थे। एक चित्र मुसकराते हुए चेहरे का था और दूसरा चेहरा त्यौरियां चढ़ाये था। वह खुशी से पागल हो गयी। *अब वे लोग मेरा मतलब समझ गये हैं!* उसने सोचा और वह अपने ऑफिस की तरफ़ तेज़ कदमों से बढ़ी ताकि लॉनी से फोन पर बात की जाए।

उसे **मीनू** के बारे में बताने के बाद मैरी जेन ने आगे चर्चा करने का सुझाव दिया। लॉनी ने अगले सोमवार को लंच पर मिलने की बात कही। पर मैरी जेन ने कहा कि वह अगले हफ्ते तक इंतज़ार नहीं करना चाहती। थोड़ी देर बाद वे दोनों इस बात पर सहमत हो गये कि वह शनिवार को मार्केट आ जाए और बच्चों को अपने साथ ले आए।

शनिवार को फिश मार्केट में

शनिवार को मार्केट में बहुत भीड़ होती थी। लॉनी ने सुझाव दिया कि वह जल्दी आ जाये। मैरी जेन ने मूर्खतापूर्ण सवाल पूछा कि वह कितनी जल्दी आ सकती है। लॉनी ने कहा कि वह अपना काम सुबह पाँच बजे शुरू करता है। वे आठ बजे मिलने पर राजी हो गये।

ब्रैड और स्टैसी कार में उनींदे से बैठे पर जब वे सिएटल में फिश मार्केट के पार्किंग स्पॉट पर पहुँचे तो वे एक्शन के लिये पूरी तरह तैयार थे। उनके सवाल ख़त्म होने का नाम ही नहीं ले रहे थे। 'वे लोग फिश कहाँ से लाते हैं ? क्या फिश बहुत बड़ी होती हैं ? क्या वहाँ पर शार्क भी हैं ? क्या वहाँ पर और बच्चे भी होंगे ?'

फिश!

जब वे तीनों पाइक प्लेस पर मार्केट की तरफ़ बढ़ रहे थे, तो मैरी जेन वहाँ की शांति और सन्नाटे को देखकर चौंक गयी। उसे फिश सजाने की जगह पर खड़ा लॉनी दिखाई दिया। वह इस बात से प्रभावित हुई कि स्टैंड बहुत अच्छी तरह जमा हुआ था। फिश और समुद्री आहार बर्फ में पैक थे और उन पर लेबल लगे हुए थे जिन पर उनका नाम, कीमत और विशेष गुण लिखे हुए थे। एक भाग खाली था, जिसमें केवल बर्फ थी।

'गुड मॉर्निंग,' लॉनी ने अपनी जानी-पहचानी मुसकराहट के साथ कहा। 'और ये दो मछेरे कौन हैं?'

मैरी जेन ने अपने बच्चों का परिचय कराया। लॉनी ने उनका स्वागत किया और कहा कि यह काम में जुट जाने का समय है। जब मैरी जेन ने अपने पर्स से अपना नोटपैड निकाला तो लॉनी ने उसे रोक दिया और कहा, 'इस तरह के काम में जुटने का वक़्त अभी नहीं है। मुझे तो लग रहा था कि आप तीनों काम में मेरा हाथ बंटायेंगे?'

'क्यों नहीं,' ब्रैड ने कहा।

'मुझे आपके साइज़ के जूते तो नहीं मिले, परंतु मैंने आप लोगों के लिये तीन एप्रन ज़रूर ढूंढ लिये हैं। यह लीजिये, इन्हें पहन लीजिये और हम फिश पैक करना शुरू करते हैं।'

स्टैसी थोड़ी हैरान लगी; मैरी जेन ने उसे झट से चिपका लिया। लॉनी ब्रैड को स्टोर के पिछवाड़े ले गया जहाँ फिश रखी हुई थीं। मैरी जेन स्टैसी को स्टैंड पर जमी फिश दिखाती रही। पंद्रह मिनट में लॉनी और ब्रैड फिश से भरी हुई ट्रॉली को धक्का मारकर लाते हुए दिखे। सच कहा जाये, तो लॉनी ट्रॉली को धका रहा था- ब्रैड तो हैंडल पर लटका हुआ था और उसके पैर ज़मीन को छू भर रहे थे।

☀ खेल-खेल में ☀

'मम्मी! देखो कितनी सारी फिश हैं! दस लाख फिश तो होंगी। नहीं क्या, लॉनी? मैंने भी मदद की, मैंने भी!' लॉनी ने उसे एक बड़ी मुसकान दी परंतु वह व्यस्त होने का अभिनय करता रहा। 'हमें इस फिश को पैक करना है ताकि मार्केट खुल सके, दोस्त। तो मेरी मदद करो।'

ब्रैड को ख़ूब मज़ा आ रहा था। वह लॉनी को एक-एक ट्यूना उठाकर देता था और लॉनी उसे बर्फ में जमा देता था। ट्यूना ब्रैड जितनी बड़ी थीं, और मैरी जेन को अफसोस हुआ कि वह कैमरा नहीं लायी थी। जिस तरह लॉनी ने ब्रैड के साथ काम किया वह जादुई था। हर बार कुछ मिनटों में लॉनी ब्रैड को छेड़ देता था, इस तरह अभिनय करता था जैसे फिश ने उसे काट लिया हो, या ऐसा कुछ जिससे ब्रैड हँस देता था। जब उस लाइन में केवल दो ट्यूना की जगह बची तो लॉनी ने ब्रैड को यह काम सौंप दिया, परंतु उठाने में उसकी कुछ मदद ज़रूर की। अगर ब्रैड को उस समय अपना 'एक्शन हीरो' चुनने को कहा जाता, तो उसने लॉनी को ही चुना होता।

'अब समय आ गया है कि तुम्हारी मम्मी अपने काम में जुट जायें। अब आप अपनी नोटबुक निकाल सकती हैं, मैरी जेन, और ब्रैड आपको ऊर्जावान जगह का दूसरा तत्व बता सकता है।'

'ब्रैड?'

'और नहीं तो क्या? हमने अपने रवैये को चुनने के साथ जो दूसरा तत्व चुना है वह बच्चा-बच्चा जानता है। हम जब बड़े हो जाते हैं और ज़्यादा संजीदा हो जाते हैं तो हम इसके महत्व को भूल जाते हैं। ब्रैड, अपनी मम्मी को बताओ कि तुमने इस दौरान क्या किया।'

फिश!

ब्रैड ने ट्यूना से परे देखा जिसने उसे काउंटर के किनार से चिपकाये रखा था और कहा, **'खेल-खेल में।'**

मैरी जेन ने अपनी डायरी खोली और उसमें लिखा, **'खेल-खेल में!'** उसके दिमाग़ में मार्केट का पहले दिन का नज़ारा घूमने लगा। वह एक खेल के मैदान में थी जहाँ वयस्क बच्चे छुट्टी के समय खेल रहे थे। मछली उछालना, एक दूसरे से और ग्राहकों से मज़ाक करना, ऑर्डर को ज़ोर से बताना, ऑर्डर को मिलकर दोहराना। वह जगह जादुई बन गई थी।

'इसे ग़लत मत समझना,' लॉनी ने कहा। 'यह एक असली बिज़नेस है जिसका लक्ष्य होता है मुनाफा कमाना। इस बिज़नेस में बहुत सी तनख़्वाहें देना पड़ती हैं और हम इस बिज़नेस को गंभीरता से लेते हैं, परंतु हमने यह पाया कि हम बिज़नेस के बारे में गंभीर रहते हुए भी बिज़नेस करते समय उसका मज़ा ले सकते हैं। ज़रूरी नहीं है कि हम हमेशा होंठ सीकर और तनकर बैठे रहें। हम चीज़ों को खुला भी तो छोड़ सकते हैं। हमारे कई ग्राहकों को इसमें मज़ा आता है जैसे वयस्क बच्चे खेल रहे हों, परंतु सम्माननीय तरीके से खेल रहे हों।

'और इसके बहुत से फ़ायदे हैं। हम ढेर सारी फिश बेच लेते हैं। हम बहुत पैसा कमा लेते हैं। हम ऐसे काम में मज़ा लेते हैं जो बहुत थका देने वाला हो सकता है। हम अच्छे दोस्त बन जाते हैं, जैसे जीतने वाली टीम के खिलाड़ी। हम जो कर रहे हैं और जिस तरीके से कर रहे हैं, उसमें हमें गर्व का अनुभव होता है। और हम विश्वप्रसिद्ध बन गये हैं। और यह सब हमने वह करके किया है जो ब्रैड बिना सोचे-विचारे करता है। हम जानते हैं कि खेल किस तरह खेला जाता है!'

ब्रैड ने कहा, 'मम्मी, आप अपने स्टाफ को लॉनी के पास क्यों नहीं ले आतीं ताकि वे भी खेलना सीख जाएं?'

उनका दिन यादगार बनाइये

अचानक किसी ने मैरी जेन को बग़ल से आवाज़ दी। 'अरे, रिपोर्टर महिला, फिश ख़रीदनी है क्या?' लॉनी का एक साथी वहाँ आ गया था और उसके हाथ में फिश का बड़ा-सा सिर था। 'मैं आपको यह बहुत सस्ते में दे दूँगा। हालांकि इसके कुछ हिस्से गायब हैं, पर इसकी कीमत सही है।' उसने फिश के मुँह को मुसकराहट का आकार दिया और कहा, 'मैं इसे मुसकराती हुई **सुशी** कहता हूँ। सिर्फ़ एक सिक्के का सवाल है।' और उसने मैरी जेन की तरफ़ शरारत भरी मुस्कान फेंकी।

लॉनी भी हँस रहा था और ब्रैड उसे लेना चाहता था। स्टैसी मम्मी के पैरों के पीछे छुप रही थी। मैरी जेन ने एक सिक्का निकाला और उस आदमी को दे दिया जिसे 'वुल्फ' कहा जाता था। यह पूछने की ज़रूरत नहीं थी कि उसे 'वुल्फ' क्यों कहा जाता था। उसके बाल बेतरतीब थे और उसकी आँखें हर तरफ़ ऐसे घूमती थीं जैसे शिकार की तलाश कर रही हों। यह भेड़िया पूरी तरह घरेलू बन गया था और यदि ऐसा होना संभव था तो वुल्फ का स्वभाव पूरी तरह दादाजी जैसा था। वुल्फ ने मुसकराती हुई **सुशी** को बैग में रख दिया और उसे ब्रैड को दे दिया जो खुशी से फूला नहीं समा रहा था। शर्मीली स्टैसी ने उस सुबह पहली बार अपनी आवाज़ निकाली और कहा कि उसे भी एक फिश चाहिये। वुल्फ उनके लिये दो फिश और ले आया। अब उन सभी के पास एक-एक मुसकराती हुई **सुशी** थी।

लॉनी ने कहा, 'शुक्रिया, वुल्फ। आपने हमें यह बता दिया है कि ऊर्जावान, विश्वप्रसिद्ध मार्केट बनाने में तीसरा तत्व कौन-सा होता है।'

फिश!

'कौन-सा ?'

'याद कीजिये पहली दो बार जब आप यहाँ पर आईं थीं, मैरी जेन। आपके दिमाग़ में पहली चीज़ क्या आती है ?'

'मुझे सबसे पहले लाल बालों वाली एक युवती याद आती है, जो बीस साल की उम्र की रही होगी। वह प्लेटफॉर्म पर थी और फिश पकड़ने की कोशिश कर रही थी। हालांकि चिकनी होने के कारण उससे दो बार फिश छूट गई थी। परंतु इसमें उसे मज़ा बहुत आ रहा था।'

'आपको वही युवती सबसे पहले याद क्यों आई ?'

'वह इतनी जोशीली थी, इतनी ज़िंदादिल। और भीड़ में हम सभी लोग उसकी भावनाओं को समझते थे। हम उसकी जगह ख़ुद को रखकर देख रहे थे।'

'और आपको क्या लगता है कि आज का दिन ब्रैड को क्यों याद रहेगा ?'

'इसलिये क्योंकि आज के दिन उसने बड़ों जैसा काम किया है, वह ठंडे फिश लॉकर में गया और उसने आपके साथ जमकर काम किया।'

'हम इसे **उनका दिन यादगार बनाइये** नाम देते हैं। हम ऐसे तरीके खोजते रहते हैं जिनसे हम सुखद यादें पैदा कर सकें। और हम जब भी किसी का दिन यादगार बनाते हैं, तो हम उनके दिल में सुखद यादें भर देते हैं। हम अपने काम को जिस तरह खेल-खेल में करते हैं उससे हमें अपने ग्राहकों को आकर्षित करने के नये-नये रचनात्मक तरीके मिलते जाते हैं। यही तो ख़ास बात है : आकर्षित करना। हम

अपने ग्राहकों से दूर खड़े होना पसंद नहीं करते बल्कि यह कोशिश करते हैं कि वे भी हमारे साथ मिलकर सम्मानजनक ढंग से खेल का आनंद लें। सम्मानजनक ढंग से। जब हम सफल होते हैं, तो उनका दिन यादगार बन जाता है।'

मैरी जेन ने एक बार फिर अपनी डायरी खोली और उसमें लिखाः **उनका दिन यादगार बनाइये।** उसके दिमाग़ में विचार आते गये : *वे ग्राहकों को आकर्षित करते हैं और अपने साथ मिलकर खेलने का न्यौता देते हैं। ग्राहक भी इस शो का हिस्सा बनना पसंद करते हैं और यहाँ की यादें बाद में उनके चेहरे पर मुसकान ले आती हैं और उसकी कहानियाँ वे लंबे समय तक याद रखते हैं। दूसरों को जोड़ने और उनका दिन यादगार बनाने की कोशिश से ध्यान ग्राहक की तरफ़ रहता है। बहुत बढ़िया मनोविज्ञान है। दूसरे आदमी का दिन यादगार बनाने के तरीके ढूंढने पर अगर आपका ध्यान लगा है तो सकारात्मक भावनाएं तो आपमें हमेशा मौजूद रहेंगी ही।*

'हलो, कोई है ?'

लॉनी, ब्रैड और स्टैसी सभी उसे घूर रहे थे। 'सॉरी, मैं यह सोचने लगी थी कि यह कितना सशक्त तत्व है। काश कि मैं **उनका दिन यादगार बनाइये** तत्व का इस्तेमाल **फर्स्ट गारंटी** में कर सकूँ।'

'अब मार्केट खुलने वाला है। हम बच्चों को कुछ खिला-पिला लाते हैं। हम अपनी बाक़ी की बातें वहीं कर लेंगे। बच्चों, भूख़ लगी है क्या ?'

'हाँ।'

❦ पूरा ध्यान दो ❦

सड़क के पार उन्हें कॉफी हाउस में टेबल मिल गई और उन्होंने कॉफी, हॉट चॉकलेट और स्वीट रोल्स का आर्डर दे दिया। मार्केट में लोग बहुत तेज़ी से आते जा रहे थे और लॉनी ने उसका ध्यान उस तरीके की तरफ़ खींचा जिस तरह से दुकान के कर्मचारी उन लोगों से व्यवहार कर रहे थे। उसने मैरी जेन से कहा कि वह उनके व्यवहार को अच्छी तरह देखे क्योंकि अगर वह सावधानी से देखेगी तो उसे अंतिम तत्व यहीं मिल जाएगा। उसकी आँखें एक कर्मचारी से दूसरे पर गईं और वह उनके मस्त, खेलने वाले अंदाज़ और काम करने के मज़ाकिया तरीके से प्रभावित हुई। फिर उसने कर्मचारियों की तरफ़ ध्यान दिया। वे चौकस थे, उनकी आँखें अगली एक्शन का मौक़ा तलाश रही थीं।

वास्तव में पिछली रात के एक बुरे अनुभव के कारण उसे जवाब ढूंढने में मदद मिली। उसे याद आया कि वह दो चिड़चिड़े बच्चों के साथ स्टोर गई थी। बच्चों को नींद आ रही थी। वह बहुत देर तक काउंटर पर उस क्लर्क का इंतज़ार करती रही थी, जो दूसरे क्लर्क से बतिया रहा था। बातें उसकी कार में होने वाले बदलावों से संबंधित थीं। उसके बच्चे व्यग्र होकर उसकी ड्रेस खींच रहे थे और बातें थीं कि ख़त्म होने का नाम ही नहीं ले रही थीं। ऐसा यहाँ नहीं हो सकता, उसने सोचा। **यहाँ पर कर्मचारी पूरा ध्यान दे रहे हैं। वे अपने काम में पूरी तरह तल्लीन और चौकस हैं। मुझे हैरानी होती है कि क्या ये लोग दिवास्वप्न भी देखते होंगे।** उसने लॉनी से पूछा कि क्या यही वह तत्व है जिसकी उसे तलाश थी।

'आपने ढूँढ लिया। मुझे आश्चर्य हो रहा है।' उसने बच्चों जैसी शरारती मुसकान के साथ कहा। **'ढीलों के कचराघर** को साफ करने का यही तरीका है।' लॉनी ने आगे कहना जारी रखा, 'मैं एक दुकान पर गया और मीट काउंटर पर अपनी बारी आने का इंतज़ार कर रहा था। स्टाफ खुशनुमा था और उनका समय अच्छी तरह से गुज़र रहा था। समस्या यह थी कि वे आपस में मज़ा ले रहे थे, पर वे इस मज़े में मुझे शामिल नहीं कर रहे थे। अगर उन्होंने अपनी मौज-मस्ती में मुझे भी शामिल किया होता, तो यह मेरे लिये बहुत सुखद अनुभव होता। उनकी ज़्यादातर बातें सही थीं, परंतु सबसे ख़ास बात पर उन्होंने ध्यान ही नहीं दिया था। वे मुझ पर ध्यान नहीं दे रहे थे, उनका पूरा ध्यान मुझ पर केंद्रित नहीं था। उनका ध्यान एक-दूसरे की तरफ़ ही था।'

मैरी ने अपनी डायरी खोली और लिखा : ***पूरा ध्यान दो।***

लॉनी को देखकर लग रहा था कि वह ख़ुद सामने बैठा था, फिर भी पिछले कुछ पलों से उसका ध्यान कहीं और था। वह इसका कारण जान गयी जब लॉनी ने कहा, 'मुझे काम पर लौटना है। हालांकि मेरे साथी एतराज़ नहीं करेंगे, पर मुझे अच्छा नहीं लग रहा है। हालांकि मैं जाने से पहले एक और सलाह देना चाहूँगा।'

'मैं सुनने के लिये बेताब हूँ।'

'मैं यह नहीं बताना चाहता कि आप अपना काम किस तरह करें, परंतु मुझे लगता है ज़्यादा अच्छा यह रहेगा कि ***आपका स्टाफ ख़ुद फिश फिलॉसफी सीखे।*** मुझे नहीं लगता कि सिर्फ़ फिश फिलॉसफी के बारे में बताने से आपका काम बन जायेगा। ब्रैड का यह सुझाव अच्छा था कि आप अपने स्टाफ को यहाँ ले आएं।'

'आप और ब्रैड तो एक जैसा ही सोचते हैं। समस्या सुलझाने की आपाधापी में मैं यह भूल ही गयी थी कि मेरे स्टाफ के लोगों को भी सीखने का मौक़ा मिलना चाहिये और अपने अनुभवों से सीखना चाहिये। बहुत-बहुत धन्यवाद – हर चीज़ के लिये। आपने हमारा दिन सचमुच यादगार बना दिया।'

ब्रैड घर लौटते समय चुप होने का नाम ही नहीं ले रहा था; सुनने के सिवा मैरी जेन के पास कोई चारा भी नहीं था, उसे **पूरा ध्यान** जो देना था। उसके दिमाग़ में एक फालतू का विचार आया। वह मुसकरायी और उसने इसे सोमवार के लिये रख लिया।

उसने मुझे बताया और फिर मैंने
ख़ुद ही इसे खोज लिया।

❖ **अज्ञात**

रविवार दोपहर

रविवार की दोपहर को अपने निजी समय में, मैरी जेन ने अपनी डायरी खोली और अपने विचारों को संक्षेप में सिलसिलेवार लिख लिया।

अपना रवैया चुनें *– मुझे लगता है कि हम लोग इस पर काम शुरू कर चुके हैं। स्टाफ के मन में जो मीनू का विचार आया था वह बहुत शानदार था और प्रगति की पहली निशानी था। बिना अपने रवैये को चुने कुछ भी*

फिश!

करना समय की बर्बादी ही है। मुझे इस तत्व के बारे में अपनी जागरूकता को और भी ज़्यादा बढ़ाना चाहिये और इसे लोकप्रिय बनाना चाहिये।

खेल-खेल में — फिश मार्केट वयस्कों के खेल का मैदान है। अगर फिश बेचने वाले फिश बेचते समय इतनी मौज-मस्ती कर सकते हैं, तो हम **फर्स्ट गारंटी** वालों को निराश नहीं होना चाहिये।

उनका दिन यादगार बनाइये — ग्राहकों को भी खेलने के लिये प्रोत्साहित किया जाता है। माहौल ऐसा रहता है कि ग्राहक भी साथ जुड़ जाए। लॉस एंजल्स के मेरे बॉस की तरह नहीं, जो मुझसे ऐसे बात करता था जैसे मैं कोई टेप रिकॉर्डर थी। उन्होंने मुझसे कभी किसी रोचक विषय पर बात ही नहीं की।

पूरा ध्यान दो—फिश बेचने वाले कर्मचारी पूरी तरह ग्राहकों पर ध्यान देते हैं। न तो वे अपने ख़यालों में गुम रहते हैं, न ही फोन पर व्यस्त रहते हैं। वे भीड़ पर नज़र रखते हैं और ग्राहकों के साथ जुड़ने की भरपूर कोशिश करते हैं। वे लोग मुझसे इस तरह बात करते हैं जैसे उन्हें बरसों के बाद कोई दोस्त मिला हो।

सोमवार सुबह

जब वह लिफ्ट में घुसी तो उसने देखा कि बिल बिलकुल उसके पीछे था। उसने सोचा ***अब मुझे उसके ऑफिस का चक्कर नहीं लगाना पड़ेगा।*** लिफ्ट में भीड़ थी, इसलिये उन्होंने आपस में कोई बात नहीं की, परंतु जब मैरी जेन की मंज़िल पर दरवाज़ा खुला तो वह बिल की तरफ़ मुड़ी और उसने अपने बॉस को अपना बैग दे दिया जिसमें से एक ख़ास किस्म की बू आ रही थी। 'एक तोहफ़ा है, बिल। इसे मुसकराती हुई सुशी कहते हैं।' जब दरवाज़ा बंद हुआ तो उसने बिल की आवाज़ सुनी, 'मैरी जेन!'

उसे डेस्क पर आये कुछ सेकंड ही हुये थे कि तभी उसके फोन की घंटी बजी। 'बड़ा अजीब तोहफ़ा था, मैरी जेन,' बिल की आवाज़ में थोड़ी सी मुसकराहट साफ़ समझ में आ रही थी। मैरी जेन ने उसे बताया कि उसने शनिवार को क्या-क्या किया था। 'अपने काम में जुटी रहो, मैरी जेन। मुझे यह तो नहीं मालूम कि फिश मार्केट का **फर्स्ट गारंटी** से क्या संबंध है, परंतु अगर तुम मुझे मुस्कराने के लिये मजबूर कर देती हो, तो तुम्हारी बात में कुछ दम तो है।'

जब उसने फोन रखा, तो वह समझ चुकी थी कि बिल के साथ उसके संबंध अब बदल गये है। ***बिल के साथ इस तरह के मज़ाक करने की हिम्मत उसके स्टाफ के ज़्यादातर लोगों में नहीं थी,*** उसने सोचा। ***हालांकि यह अजीब-सा लगता है, परंतु मुझे विश्वास है कि उसे यह अच्छा लगा कि मैं उससे नहीं डरती हूँ।***

फील्ड ट्रिप

सोमवार की सुबह अपने स्टाफ की मीटिंग की पहली पाली में वह सीधे मुद्दे की बात पर आ गयी। 'मैं प्रभावित हुई हूँ और मेरा हौसला भी बढ़ा है क्योंकि आप लोगों ने समझ लिया है कि अपना रवैया हर रोज़ चुनना हमारे लिये बहुत फ़ायदेमंद है। आपने यह याद रखने के लिये जो तरीके खोजे हैं, वे भी बहुत अच्छे हैं। अपना रवैया चुनें का मीनू एक अच्छा विचार था, और इस बात की चर्चा पूरे ऑफिस में हो रही है। अपने बारे में अच्छी बातें सुनना अच्छा लगता है। अब अगला कदम उठाने की बारी है। मैं आप सब लोगों को एक जगह दिखलाना चाहती हूँ, इसलिये हम लोग लंचटाइम में फील्ड ट्रिप पर चल रहे हैं। यह ग्रुप बुधवार को जाएगा, दूसरा ग्रुप गुरूवार को। लंच आपको वहीं करा दिया जाएगा, इसलिये आप खाली हाथ चल सकते हैं।

'फील्ड ट्रिप ऐसी जगह पर होगी जहाँ शायद आपमें से कई लोग पहले जा चुके होंगे। हम एक ख़ास फिश मार्केट देखने जा रहे हैं जहाँ हम जीवंत माहौल में ऊर्जा का अध्ययन करेंगे। वहाँ पर कुछ लोग हैं जिन्होंने हमारी जैसी ही समस्या को सफलतापूर्वक सुलझा लिया है। हमारा काम यह देखना है कि क्या हम सफलता के उनके नुस्खे समझ सकते हैं और उन्हें अपने काम में ला सकते हैं?'

'मुझे दाँतों के डॉक्टर के पास जाना है।' 'मुझे उस दिन लंच में कोई और काम है।' उसके चारों तरफ़ से आपत्तियां आने लगीं। वह हैरान रह गई जब उसने एक दृढ़ आवाज़ सुनी, जो उसकी ख़ुद की थी, 'मैं चाहती हूँ कि आप सभी वहाँ पर रहें और इसे संभव बनाने के लिये अपने कार्यक्रम में फेरबदल कर लें। यह महत्वपूर्ण, बहुत महत्वपूर्ण है।'

फिश!

बुधवार को पहला ग्रुप लॉबी में मिला और मार्केट की तरफ़ चल पड़ा। 'मैं आपसे सिर्फ़ यही चाहती हूँ कि आप वहाँ का माहौल ध्यान से देखें।' उसने मज़ाक किया, 'अपने साथ दही रखना मत भूलना।' उसने योगी बेरा का एक उद्धरण भी सुनाया, 'सिर्फ़ देखने से ही आप बहुत सी चीज़ें समझ सकते हैं।' उसने सोचा **चलो, काम शुरू तो हुआ।**

जब वे लोग वहाँ पहुँचे तो फिश मार्केट में काफ़ी भीड़ थी। इसलिये उन सबको अलग-अलग समूहों में बंटना पड़ा। इस वजह से मैरी जेन उनकी प्रतिक्रिया नहीं देख पा रही थी, परंतु उसने अपने स्टाफ के कुछ लोगों को वहाँ प्रसन्न मुद्रा में देखा। उसने जॉन और स्टीव को फिश कर्मचारियों के साथ घुल-मिलकर बातचीत करके देखा और यह देखकर वह उनके क़रीब पहुँच गयी। 'जब आप लोगों पर पूरा ध्यान देते हैं, तो आप सीधे उनकी तरफ़ देखते हैं.... जैसे आप अपने सबसे अच्छे दोस्त के सामने करते हैं..... आपके चारों तरफ़ घटनाएं होती रहती हैं, पर आप सिर्फ़ उन्हीं का ध्यान रखते हैं,' लाल बालों वाले फिश कर्मचारी ने जॉन से कहा।

जॉन और स्टीव के लिये यह अच्छा है, उसने सोचा। शुरूआत बढ़िया रही।

गुरूवार को दूसरा ग्रुप ट्रिप पर गया और ज़ाहिर है कि उसे पहले ग्रुप से जानकारी मिल गयी थी। किसी ने भी उससे कोई सवाल नहीं किया और यह ग्रुप थोड़ा संजीदा रहा, जब तक कि कुछ ख़ास नहीं हो गया। काफ़ी लंबे समय से **फर्स्ट गारंटी** में काम कर रही स्टीफैनी से पूछा गया कि क्या वह काउंटर के पीछे जाकर फिश पकड़ना चाहेगी। हालांकि वह ऑफिस में बहुत शर्मीली नज़र आती थी, पर वह मान गई।

फिश!

उसकी पकड़ से दो बार फिश छूट गई, जिससे भीड़ को मज़ा आया और उसके साथ काम करने वाले कर्मचारियों को तो और भी ज़्यादा मज़ा आया। तीसरी कोशिश में, उसने एक शानदार कैच लिया जिसकी तालियां बजाकर सराहना की गयी और लोगों ने सीटियां भी बजायीं। वह सफलता के शिखर पर थी क्योंकि फिश कर्मचारियों ने उसका दिन यादगार बना दिया था।

शुक्रवार दोपहर की मीटिंग

शुक्रवार की दोपहर को, वह हर ग्रुप से अलग-अलग मिली। 'क्या ऐसी जगह पर काम करना ज़्यादा अच्छा नहीं होगा जहाँ हमें उतना ही मज़ा मिले जितना कि **पाइक प्लेस फिश मार्केट** के कर्मचारियों को मिल रहा था?' उसने पूछा। लोगों के दिमाग़ में उड़ती हुई फिश की तस्वीर उभर आयी। कुछ लोगों ने सिर हिलाया और कई लोग मुस्कराये। स्टीफैनी के चेहरे पर सबसे बड़ी मुसकान दिख रही थी। फिर वे हक़ीक़त की दुनिया में लौट आये।

शुरूआती मुसकराहटों के बाद विरोध के स्वर उभरे। 'हम लोग फिश नहीं बेचते हैं!' मार्क ने कहा। 'हमारे पास उछालने के लिये कुछ नहीं है,' बेथ ने जोड़ा। 'यह पुरुष ही कर सकते हैं,' एन ने कहा। 'हमारा काम बोरियत भरा है,' किसी दूसरे ने कहा। एक मज़ाकिया आदमी ने कहा, 'चलो, हम लोग ख़रीदारी के ऑर्डरों को हवा में उछालते हैं।'

'आप लोग ठीक कह रहे हैं। यह कोई फिश मार्केट नहीं है। हम लोगों का काम बिलकुल अलग है। मैं सिर्फ़ यह कहना चाहती हूँ किः

क्या आप लोग अपने ऑफिस का माहौल वैसा बनाना चाहते हैं जहाँ पर उतनी ही ऊर्जा और आनंद हो जितना कि विश्वप्रसिद्ध पाइक प्लेस फिश मार्केट में था? एक ऐसी जगह जहाँ आपके चेहरे पर मुसकान ज़्यादा बार आये। एक ऐसी जगह जहाँ आपके मन में अपने काम और अपने काम के तरीके के बारे में ज़्यादा सकारात्मक भावनायें हों। एक ऐसी जगह जहाँ आप हर रोज़ मन से आना चाहें। आपने कई तरीकों से यह पहले ही दिखा दिया है कि हम अपना रवैया चुन सकते हैं। क्या आप इसी रास्ते पर आगे चलने में रुचि रखते हैं?'

स्टीफैनी बोली। 'मैं यहाँ के लोगों को पसंद करती हूँ। लोग अच्छे हैं। परंतु मैं काम पर आने से नफरत करती हूँ। मुझे इस जगह पर सांस लेने में भी तकलीफ़ होती है। यह ऑफिस किसी मुर्दाघर की तरह लगता है। इसलिये मैं यह स्वीकार करती हूँ कि मैं दूसरी नौकरी की तलाश कर रही हूँ। अगर हम इसी जगह में कुछ जान फूंक सकें, तो यहाँ काम करने में मुझे ज़्यादा संतुष्टि होगी और मैं निश्चित रूप से यहीं काम करते रहना पसंद करूँगी।'

'स्टीफैनी, तुम्हारी ईमानदारी और साहस के लिये धन्यवाद।'

स्टीव ने जोड़ा, 'मैं चाहता हूँ कि यहाँ पर खुशी और मौज-मस्ती का माहौल बन जाए।'

रैन्डी ने अपना हाथ उठाया।

'हाँ, रैन्डी?'

'आपने उस दिन अपनी निजी ज़िंदगी के बारे में बातें की थीं,

मैरी जेन। मैंने किसी बॉस को ऐसा करते हुए पहले कभी नहीं सुना और इससे मैं सोचने पर मजबूर हो गया। मैं भी अपने पुत्र को अकेले पाल रहा हूँ और मुझे इस नौकरी की ज़रूरत है और इसके लाभों की भी। मैं ज़्यादा तो नहीं कहना चाहता, परंतु मुझे यह मानने में दुख होता है कि मैं कई बार अपनी कुंठाओं को दूसरे डिपार्टमेंट के लोगों पर निकाल देता हूँ। उनके यहाँ इतना अच्छा माहौल है, जबकि मैं यहाँ पर इस मुर्दाघर में क़ैद हूँ। आपने मुझे यह एहसास दिलवाने में मदद की कि हम अपने बेजान रवैये से इस ऑफिस को मुर्दाघर बना रहे हैं। तो अगर हम इसे मुर्दाघर बना सकते हैं, तो हम इसे कुछ और भी बनाने का विकल्प चुन सकते हैं। यह सोचते ही मैं सचमुच रोमांचित हो गया। अगर मुझे यहाँ पर ज़्यादा मज़ा और ख़ुशी मिलने लगे, तो मुझे लगता है मेरी ज़िंदगी के बाक़ी पहलुओं पर भी उसका अच्छा असर पड़ेगा।'

'धन्यवाद, रैन्डी,' वह मुड़ी और उसने उसकी तरफ कृतज्ञता से देखते हुए कहा, 'मुझे कई सिर हिलते हुए दिख रहे हैं और मैं जानती हूँ कि आपने जो कहा है वह सचमुच बहुत ही महत्वपूर्ण है। आपने अपने दिल से जो बातें कही हैं, उसने हम सब लोगों के दिलों को छुआ है। धन्यवाद। आपके योगदान के लिये धन्यवाद। चलिये हम मिलकर काम करने की एक बेहतर जगह बनाएं, एक ऐसी जगह जहाँ काम करने में हम सबको मज़ा आये।

'सोमवार को हम लोग **फिश फिलॉसफी** को तीसरी मंज़िल पर लागू करना शुरू करेंगे। तब तक मैं चाहती हूँ कि आप फिश मार्केट के अपने अनुभवों के बारे में सोचें और अपने सवालों या विचारों को लिख डालें। जब हम अगली बार इकट्ठे होंगे तो हम यह विचार कर सकते

हैं कि शुरूआत कहाँ से करनी चाहिये। मार्केट में आपने जो भी देखा है, उससे अपने विचारों को प्रेरित होने दें।'

मज़ाकिया आदमी एक बार फिर बोला, 'अच्छा, अगर हम ख़रीदारी के ऑर्डरों को हवा में नहीं उछाल सकते, तो हम कम से कम अपने पुराने रवैये की धज्जियां तो उड़ा ही सकते हैं?' कमरे में हँसी फैल गयी। ***यह कितना अच्छा माहौल है,*** उसने सोचा।

मैरी जेन ने इसके बाद उन सभी को एक कागज़ दिया, जिसमें मार्केट के बारे में संक्षिप्त रूपरेखा लिखी थी और उसने हर एक के पास जाकर उन्हें उसके बारे में व्यक्तिगत रूप से समझाया। उसने अपने स्टाफ को प्रोत्साहित किया कि वे शनिवार और रविवार को अपने ख़ुद के विचारों को याद रखें और उन्हें लिख लें।

जब दूसरी बैठक ख़त्म हो गयी तो मैरी जेन अपने ऑफिस में चली गयी और थककर अपनी डेस्क पर बैठ गयी। ***मैंने उन्हें सप्ताह के अंत में सोचने के लिये कुछ दे दिया है। परंतु क्या वे सोचेंगे?*** उसे बिलकुल भी अंदाज़ा नहीं था कि उसके आधा दर्जन कर्मचारी शनिवार और रविवार को एक बार फिर उस मार्केट में जाएंगे और उनमें से कई तो अपने परिवार या दोस्तों के साथ जाएंगे।

मैरी जेन की रूपरेखा

अपना रवैया चुनें— फिश बेचने वाले कर्मचारी जानते हैं कि वे हर दिन अपना रवैया चुनते हैं। एक ने तो यह कहा, 'जब आप कुछ करते हैं, तो आप वह काम किस तरह से कर रहे हैं? क्या आप वह काम अधीर होकर और बोर होकर कर रहे हैं या आप *विश्वप्रसिद्ध* होकर कर रहे हैं? अगर आप *विश्वप्रसिद्ध* होकर काम कर रहे हैं तो आपका व्यवहार पूरी तरह से बदल जाएगा।' हम जब अपना काम करते हैं, तो हम इसे किस तरह से करते हैं, यही असल बात है।

खेल–खेल में – फिश बेचने वाले कर्मचारी काम करते समय खेलते हैं और उससे मिलने वाले मज़े से उन्हें ऊर्जा मिलती है। हम ऑफिस में किस तरह ज़्यादा मज़ेदार माहौल बना सकते हैं, ताकि हमें ज़्यादा ऊर्जा मिलने लगे?

उनका दिन यादगार बनाइये – फिश बेचने वाले कर्मचारी अपनी मौज-मस्ती में ग्राहकों को शामिल करते हैं। वे अपने ग्राहकों को अपने साथ इस तरीके से जोड़ते हैं ताकि उत्साह और सद्भावना का माहौल बन सके। हमारे ग्राहक कौन हैं और हम उन्हें किस तरह अपने से जोड़ते हैं ताकि उनका दिन यादगार बन जाए? हम किस तरह एक दूसरे का दिन यादगार बना सकते हैं, यह भी एक महत्वपूर्ण बिंदु है।

पूरा ध्यान दो – फिश बेचने वाले कर्मचारी अपने काम पर पूरी तरह से चौकस रहते हैं। उनसे हमें यह सीखने को मिल सकता है कि हम अपने ग्राहकों पर अपना पूरा ध्यान लगाएं।

सोमवार को आते समय
कृपया अपने विचारों को साथ लाना न भूलें।

फिश मार्केट में वीक एंड

'तो टीचर ने आपको होमवर्क दिया है?'

स्टीफैनी ने ऊपर देखा और उसे एक साथ दो चीज़ें दिखीं – हवा में उड़ती हुई फिश और लॉनी का मुसकराता चेहरा। 'हाय। मुझे लगता है आप यह कहना चाहते हैं कि मेरी बॉस ने मुझे होमवर्क दिया है।'

'मैरी जेन से यह उम्मीद नहीं थी, नहीं क्या?'

'आपको कैसे पता?' उसकी आवाज़ फिश बेचने वाले एक कर्मचारी की आवाज़ तले दब गयी, 'तीन ट्यूना उड़ चलीं पेरिस की तरफ़'। कर्मचारी फ्रांसीसी लहज़े की नक़ल कर रहा था। लॉनी ने फिर भी उसकी बात सुन ली। स्टीफैनी ने सोचा ***कोई हैरानी की बात नहीं कि ये लोग ग्राहकों पर अपना पूरा ध्यान देते हैं। उन्हें ध्यान देना ही पड़ेगा अगर उन्हें इतनी सारी आवाज़ों के बीच किसी की आवाज़ सुनना है।***

'मैंने आपको इसी हफ्ते मैरी जेन के समूह के साथ देखा था। जहाँ तक मुझे याद है आप दही लिये हुए पहली महिला होंगी जिसने फिश पकड़ी थी।'

'सचमुच?'

'मैं आपकी क्या मदद कर सकता हूँ? आप कुछ परेशान दिख रही हैं।'

उसने अपने नोट्स की तरफ देखा। 'मुझे लगता है मैं **पूरा ध्यान दो** वाले बिंदु को समझ गयी हूँ, जिसका मतलब है ठीक उसी तरह से ध्यान देना जिस तरह से आप मुझ पर ध्यान दे रहे हैं। और जब मैं फिश

फिश!

पकड़ रही थी — अरे... मैं भूल ही नहीं सकती कि आपने किस तरह मेरा दिन यादगार बना दिया। खेल-खेल में काम करना मेरे लिये ज़्यादा आसान होगा- मुझे हँसी-मज़ाक अच्छा लगता है। परंतु *अपना रवैया चुनिये* अब भी मुझे एक पहेली ही लगता है। मेरा मतलब है, क्या आपका रवैया इस बात पर निर्भर नहीं करता कि आपके साथ क्या सलूक किया जा रहा है और आपके साथ क्या हो रहा है।'

'मैं जानता हूँ आपको इस बारे में किस आदमी से बात करनी चाहिये : वुल्फ से। वुल्फ प्रोफेशनल रेस कार ड्राइवर का कैरियर शुरू करने वाला था कि तभी उसका एक्सीडेंट हो गया। बेहतर होगा कि वुल्फ ही आपको अपनी कहानी सुनाए। हमें लॉकर में चलना पड़ेगा। आपको वहाँ ज़्यादा सर्दी तो नहीं लगेगी ?'

'क्या हम भी अंदर आ सकते हैं ?'

स्टीफैनी ने अपने बांयी तरफ़ देखा और वहाँ उसे स्टीव, रैन्डी और एक प्यारा सा बच्चा दिखा। परिचय के बाद वे सब अंदर जाकर वुल्फ से बात करने लगे, जिसने उन्हें बताया कि जिन दिनों वह एक्सीडेंट के बाद ठीक हो रहा था, तभी उसने हर दिन अपना रवैया चुनना सीखा। उसके शब्दों का उन तीनों पर बहुत गहरा असर हुआ और उन्होंने सोमवार की मीटिंग में अपने साथियों को उसकी कहानी सुनाने का फैसला किया।

इसके बाद, स्टीव को कहीं और जाना था, परंतु स्टीफैनी, रैन्डी और रैन्डी का पुत्र सड़क के पार वाले कॉफी हाउस गये। बड़ों ने कॉफी पी, जबकि रैन्डी के पुत्र ने बड़ा सा चॉकलेट चिप मफिन खाया।

स्टीफैनी ने कहा, 'अपना ढीलों का कचरेघर साफ़ हो जाये तो

फिश!

कितना अच्छा हो! इस बात की कोई गारंटी नहीं है कि अगली नौकरी का माहौल इससे अलग होगा। और ज़रा इस बारे में तो सोचो। कितने बॉस मैरी जेन की तरह होते हैं? मैं उनका सचमुच सम्मान करती हूँ। उन्होंने कितने कष्ट झेले हैं, ज़रा इस बारे में सोचो। मैंने तो यह भी सुना है कि वे बिल वॉल्श से भी नहीं डरतीं। बाक़ी सभी डिपार्टमेंटों के मैनेजर तो उस खूसट आदमी से बहुत डरते हैं। मेरा मतलब है कि मैरी जेन में कुछ बात तो है, नहीं क्या, रैन्डी?'

'स्टीफैनी, तुमने मेरे मुँह की बात छीन ली। अगर यह काम फिश बेचने वाले लोग कर सकते हैं, तो मैरी जेन जैसी बॉस होने पर हम लोग तो आसमान को ज़मीन पर ला सकते हैं। यह आसान नहीं होगा। हमारे कुछ साथी उसी तरह डरे हुये होंगे, जैसा मैं कभी डरा हुआ था। उनके मन में शंका होगी क्योंकि वे डरे हुये हैं। शायद हमारे सकारात्मक उदाहरण से उन्हें मदद मिले। मैं तो बस यही जानता हूँ कि चीज़ें तब तक नहीं सुधरेंगी जब तक हम उन्हें सुधारने का फैसला नहीं करते- और मैं चाहता हूँ कि चीज़ें बेहतर हों।'

जब स्टीफैनी अपनी कार की तरफ़ जा रही थी, तब उसने बेट्टी और उसके पति को देखा। उसने हाथ हिलाया और तभी उसे भीड़ में अपने ऑफिस के तीन और लोग नज़र आये। *बहुत बढ़िया!* उसने सोचा।

योजना बनती है

सोमवार की सुबह की मीटिंग के लिये जब पहला ग्रुप इकट्ठा हुआ तो कमरे में बहुत आवाज़ें आ रही थीं। मैरी जेन ने यह कहकर

फिश!

बैठक शुरू की, 'हम यहाँ पर ढीलों के कचराघर को साफ़ करने के लिये इकट्ठे हुए हैं। आज हम यह देखेंगे कि क्या आपने मार्केट से कोई और सबक सीखा है और इसके बाद हम अपने अगले कदमों पर विचार करेंगे। क्या दो दिनों की छुट्टी में किसी ने कोई ऐसी बात सीखी है जो हमारे काम आ सकती है ?'

स्टीफैनी और रैन्डी कूद पड़े और बारी-बारी से उन्होंने वुल्फ के साथ हुई चर्चा को दोहराया। स्टीफैनी ने शुरू किया।

'वुल्फ पहले तो थोड़ा डरावना लगा, पर जल्द ही वह नॉर्मल लगने लगा। मेरा मतलब है कि उसकी आवाज़ गुर्राहट की तरह लगती है। बहरहाल, उसने हमें अपने जीवन की कहानी सुनाई कि किस तरह एक एक्सीडेंट के कारण उसका प्रोफेशनल रेस कार ड्राइवर बनने का कैरियर चौपट हो गया। उसने कहा कि वह कुछ समय तक तो आत्मदया और करुणा में डूबा रहा। फिर जब उसकी प्रेमिका ने उसे छोड़ दिया और उसके दोस्तों ने उसे देखने आना छोड़ दिया तब उसे यह एहसास हुआ कि उसे एक मूलभूत फैसला करना होगा। उसके पास दो विकल्प थे। वह जीवन जीने का और पूरी तरह से जीने का विकल्प चुन सकता था। या फिर वह अपने जीवन को दुर्भाग्य की दास्तान समझकर बर्बाद कर सकता था। तब से वह हर दिन यही विकल्प चुनता है कि वह पूरी तरह से जियेगा।'

रैन्डी ने कहा, 'मेरा पुत्र तो वुल्फ से बड़ा प्रभावित हुआ। वुल्फ की बातें सुनकर मुझे अपनी तीसरी मंज़िल का माहौल याद आ गया। हममें भी यह शक्ति है कि हम जिस तरह का विकल्प चुनें, हम उसी तरह की जगह बना सकते हैं। अगर हम वुल्फ का सबक सीख लेते हैं तो हम तीसरी मंज़िल के माहौल को बहुत बढ़िया बना सकते हैं। हमें

हर रोज़ अपना रवैया चुनना होगा और अच्छी तरह से चुनना होगा।'

स्टीव ने भी इस बारे में अपने विचार व्यक्त किये।

'धन्यवाद, स्टीव। धन्यवाद, रैन्डी। धन्यवाद, स्टीफैनी। ऐसा लगता है कि आप लोग इन छुट्टियों में काफ़ी व्यस्त रहे हैं। और ओवरटाइम न मांगने के लिए भी धन्यवाद!' जब हँसी का फव्वारा थम गया, तो मैरी जेन ने पूछा, 'और कोई कुछ कहना चाहता है जिससे हमें इन बिंदुओं को समझने में मदद मिले ?' पैंतालीस मिनट बाद, मैरी जेन ने चर्चा ख़त्म करने का फैसला किया। 'आगे करने के बारे में आपका क्या विचार है ?'

'क्यों न हम लोग इन चार तत्वों की चार टीमें बना लें ?' एक नये कर्मचारी ने कहा।

इस पर कई लोगों ने सिर हिलाकर सहमति दी।

'ठीक है,' मैरी जेन ने कहा। 'पहले मुझे यह पक्का कर लेने दें कि दूसरा समूह भी यह करना चाहता है। क्यों न आप लोग एक काम करें ? आपको जो तत्व पसंद हो, आप उसकी टीम में अपना नाम लिखकर हस्ताक्षर कर दें। इस तरह चारों तत्व की टीमें जब तैयार हो जाएंगी तो मैं आपको कल अंतिम सूची दे दूँगी। क्या कोई और मुद्दा बचा है ?'

मीटिंग के अंत में उसने एक कागज़ बढ़ाया जिसमें उसने अपने स्टाफ से चारों तत्वों में से अपनी पसंद की टीम में नाम लिखने को कहा। दूसरे ग्रुप को टीमों का विचार पसंद आया और उन्होंने राहत की सांस ली कि उनके पास कोई तैयार कार्ययोजना थी।

टीमें काम पर जुट जाती हैं

खेल-खेल में वाली टीम में सदस्य कुछ ज़्यादा हो रहे थे, इसलिये मैरी जेन को थोड़ी सौदेबाज़ी करनी पड़ी। मेरे पास ***पाइक प्लेस फिश मार्केट*** की असली टी शर्ट हैं, जो मैं उन तीन लोगों को दूंगी जो **खेल-खेल में** वाली टीम छोड़कर **अपना रवैया चुनें** या **पूरा ध्यान दें** वाली टीम में जाएंगे।' एक बार जब टीमें संतुलित हो गईं तो उसने सामान्य दिशानिर्देशों और अपेक्षाओं का मेमो भी तैयार किया।

टीम के लिये दिशा-निर्देश

- टीमों के पास छह हफ्ते का वक़्त है जिसमें वे मिलकर अपने टॉपिक का अध्ययन करें, अतिरिक्त जानकारी जुटाएं और इस तरह की एक प्रस्तुति तैयार करें ताकि वह पूरे समूह को कहीं बाहर दिखाई जा सके।
- हर प्रस्तुति में एक्शन के कुछ आइटम होने चाहिये जिसे अमल में लाए जाने पर विचार किया जा सकता है।
- टीमें अपनी ख़ुद की बैठकों के लिए समय निकालेंगी और हर हफ्ते उन्हें इस काम के लिए ऑफिस में दो घंटे का समय दिया जाएगा। काम के समय में बैठकों के लिये ऐसा प्रबंध किया जाएगा ताकि ऑफिस के काम पर असर न पड़े।
- हर टीम के पास 200 डॉलर का बजट होगा जिसे इच्छानुसार

खर्च किया जा सकता है।

- टीमें अपनी बैठकें ख़ुद आयोजित करेंगी।
- अगर किसी टीम को कोई बड़ी दिक्क़त आती है तो वह मुझसे सलाह ले सकती है। परंतु मैं चाहूँगी कि हर टीम अपने फैसले ख़ुद ही करे।

शुभकामनाएं! चलिये हम ऐसी जगह बनाएं जहाँ अपने काम में हमारा दिल लगे।

टीम की रिपोर्ट

छह हफ्ते भी गुज़र गये। आज सबकी प्रस्तुतियों का दिन था। मैरी जेन ने बिल से पूछा कि क्या दूसरे विभागों के लोग उस सुबह उनके डिपार्टमेंट के ज़रूरी काम संभाल लेंगे, ताकि उनका पूरा विभाग मीटिंग कर सके। बिल ने यह कहकर उसे आश्चर्यचकित कर दिया कि वह यह इंतज़ाम तो कर ही देगा, साथ ही मदद के लिये वह ख़ुद भी मौजूद रहेगा। उसने कहा, 'मैं यह तो नहीं जानता कि आप क्या कर रही हैं, परंतु मैंने तीसरी मंज़िल के काम के माहौल में जोश का नया तेवर देखा है। काम पर लगी रहो और अगर कुछ और मदद चाहिये हो, तो मुझे बता देना।'

वह थोड़ी नर्वस थी। हर टीम ने उससे कम से कम एक बार मिलकर मीटिंग की थी और उसने बिना नियंत्रण अपने हाथ में लिये उनका हौसला बढ़ाया था। हालांकि उन लोगों ने उससे पढ़ने की सामग्री मांगी थी और पिछले दो हफ्तों में कॉन्फ्रेंस रूम के प्रयोग की इजाज़त

भी मांगी थी, परंतु किसी भी टीम ने उससे इससे ज़्यादा मदद नहीं मांगी थी। उसे सच में यह नहीं पता था कि उस दिन जो चार प्रस्तुतियां होने वाली थीं, उनमें क्या था। और आज वह दिन था जब उसे सभी टीमों की रिपोर्ट मिलने वाली थी।

सुबह नौ बजे जब बिल और दूसरे कर्मचारियों ने आकर उनके ऑफिस का काम संभाल लिया तो वह और उसका स्टाफ अलेक्सिस होटल की तरफ चल दिया। बिल ने कहा, 'शुभकामनाएं।'

वे अलेक्सिस होटल पहुँचे और उन्हें मार्केट रूम की तरफ़ ले जाया गया। बिलकुल ठीक, उसने सोचा। उसने तय किया था कि **अपना रवैया चुनें** वाली टीम की प्रस्तुति सबसे आख़िर में होना चाहिये। उसने हर टीम को यह बता दिया था, 'मैं चाहती हूँ कि सभी तत्वों में जो सबसे ज़्यादा महत्वपूर्ण है, वह सबसे आख़िर में आना चाहिये।'

जब वह मीटिंग रूम में घुसी तो वह भावुक हो गयी। कमरा रंग, तरंग और उमंग से सराबोर था। हर कुर्सी में गुब्बारे बंधे थे और रंग-बिरंगे फूलों से सजा कमरा बहुत सुंदर लग रहा था। उसने सोचा **उन्होंने चुनौती का बहुत अच्छी तरह सामना किया है। उनकी घड़ियों की चाबी फिर से भर गयी है।** सबसे बड़ा आश्चर्य तो कमरे के पीछे की तरफ़ अपनी मछेरे की पोशाक में बैठा था : लॉनी। जब प्रस्तुतियां शुरू हुईं तो मैरी जेन लॉनी के पास जाकर बैठ गयी।

खेल-खेल में टीम (प्ले टीम)

प्ले टीम के एक सदस्य ने लोगों का ध्यान अपनी तरफ़ खींचा और पूरे स्टाफ से आगे आने को कहा। **प्ले टीम** की प्रवक्ता बेट्टी ने कहा, 'हमारी रिपोर्ट एक खेल के रूप में है, जिसे हम सब लोग खेलेंगे।'

फिश!

प्ले टीम ने एक गेम बनाया था जिसमें रंगीन कागज़ों के गोले बनाकर उन्हें फर्श पर जमाया गया था ताकि संगीत चलते समय आप एक गोले से दूसरे गोले पर पैर रख सकें। हर गोले पर उनकी रिपोर्ट का एक मुख्य बिंदु लिखा हुआ था। जब संगीत बंद होता था, तो किसी ख़ास गोले पर खड़े व्यक्ति से वहाँ लिखे वाक्य को पढ़ने के लिये कहा जाता था। यह एक तरह की केकवॉक थी। दो तरह के विचार-समूह थे। पहले में लाभों की सूची थी और दूसरे में अमल में लाये जाने वाले विचार थे। *बहुत ख़ूब,* मैरी जेन ने सोचा।

खेल के फ़ायदे

❖ खुश लोग दूसरों के साथ अच्छी तरह से पेश आते हैं।

❖ मौज-मस्ती से रचनात्मकता बढ़ती है।

❖ समय जल्दी गुज़रता है।

❖ समय अच्छी तरह गुज़रने से स्वास्थ्य अच्छा रहता है।

❖ काम खुद अपना पुरस्कार बन जाता है, न कि पुरस्कारों को पाने की राह बनता है।

तीसरी मंज़िल पर *खेल-खेल में* विचार को अमल में लाना

❖ कुछ पोस्टर लगाये जाएं जैसेः यह खेल का मैदान है। यहाँ बड़े बच्चे खेल रहे हैं।

- ❖ अपने बुलेटिन बोर्ड पर हर महीने 'इस-माह-का-चुटकुला' प्रतियोगिता शुरू करें।

- ❖ माहौल को अधिक रोचक और रंगीन बनाएं।

- ❖ पौधों और मछलियों द्वारा माहौल में जान फूंकी जाये।

- ❖ ख़ास तरह के आयोजन हों, जैसे **लंचटाइम कॉमेडियन**।

- ❖ छोटी-छोटी बत्तियां हों जो तब जलाई जाएं जब आपको कुछ हल्का होना हो या जब आपके दिमाग़ में कोई बढ़िया विचार आये।

- ❖ रचनात्मकता की शिक्षा दी जाए।

- ❖ एक रचनात्मक क्षेत्र बनाया जाए जिसे **सैंड बॉक्स** का नाम दिया जाए।

- ❖ विचार लगातार आते रहें, इसके लिये एक **प्ले** कमेटी बनाई जाए।

उनका-दिन-यादगार-बनाइये टीम

अगली टीम **उनका दिन यादगार बनाइये** टीम थी। 'हॉल में जाइये और जब तक हम तैयारी करें तब तक आप लोग कॉफी का आनंद लीजिये।' यह उनका पहला निर्देश था। जब सबको कमरे में बुलाया गया, तो पूरा स्टाफ छोटे-छोटे समूहों में बंट गया और हर समूह के साथ **उनका दिन यादगार बनाइये** टीम का एक सदस्य था। स्टीफैनी ने योजना समझायी।

फिश!

'मैं चाहती हूँ कि हर समूह पंद्रह मिनट में रणनीतियों की एक सूची बनाए जिसमें हमारे आंतरिक ग्राहकों की आवश्यकताओं और अपेक्षाओं का ध्यान रखा गया हो। परंतु पहले मैं कुछ डाटा दिखाना चाहूंगी। ये आंकड़े उस ग्राहक सर्वेक्षण के परिणाम हैं जो हमने करवाया। एक गहरी साँस खींचें क्योंकि आप जो देखने जा रहे हैं, वह आपको अच्छा नहीं लगेगा।' एक स्लाइड सामने आयी। कमरे में सन्नाटा खिंच गया। लोगों के मुँह से आह निकलने की आवाज़ साफ़ सुनाई दे रही थी।

ग्राहक सर्वेक्षण के परिणाम

1. ग्राहक हमारे पास आने से घबराते हैं। वे हमें 'नींद में चलने वाला' कहते हैं क्योंकि हम उन्हें ढीले लगते हैं। हम जिस बेजान तरीके से उनके साथ पेश आते हैं, उससे तो बेहतर उन्हें यह लगेगा कि हम उनके साथ अच्छी तरह से लड़ें।

2. हम जो काम करते हैं वह पर्याप्त है, परंतु बहुत कम बार ही ऐसा होता है कि हम बाहरी ग्राहक की सेवा के लिये अपनी मदद का प्रस्ताव रखते हैं। हम अपना काम करते हैं। बस — और इससे ज़्यादा कुछ नहीं।

3. हम अपने ग्राहकों के साथ ऐसा बर्ताव करते हैं मानो वे हमारे काम में बाधा डाल रहे हों।

4. हम उनकी समस्या सुलझाने में कतई रुचि नहीं लेते और उन्हें एक आदमी से दूसरे आदमी की तरफ़ टालते रहते हैं।

ऐसा लगता है जैसे हम ज़िम्मेदारी से बचने की कोशिश कर रहे हैं।

5. हमारे ग्राहक हमारे व्यवहार के बारे में मज़ाक करते हैं जो उन्हें चार बजे के बाद दिखता है। वे हँसते हैं कि साढ़े चार बजे के बाद लिफ्ट में भगदड़ मच जाती है।

6. हमारे ग्राहक कंपनी के प्रति हमारी निष्ठा पर भी संदेह करते हैं।

7. हमारे बारे में यह कहा जाता है कि हम 'पतन की अंतिम अवस्था' हैं।

8. यह चर्चा भी आम है कि हमारे डिपार्टमेंट के स्थान पर अब किसी बाहरी कॉन्ट्रैक्टर की सेवाएं ली जानी चाहिये।

स्टीफैनी ने कहा, 'पहले तो हमारी टीम को इन परिणामों से धक्का लगा, फिर हमें गुस्सा आया। धीरे-धीरे हमें यह एहसास हुआ कि यह ग्राहकों का नज़रिया है। हम चाहे कोई भी सफाई दें या किसी भी तरह से अपने तर्क रखें, हम अपने आंतरिक ग्राहकों की भावनाओं को नहीं बदल सकते। जैसा वे देखेंगे, वैसा ही तो सोचेंगे। सवाल यह है कि इस बारे में हम क्या कर सकते हैं?'

टीम का दूसरा सदस्य उतने ही जोशीले अंदाज़ में बोलने लगा, 'मैं नहीं समझता कि हमें यह अंदाज़ा है कि **फर्स्ट गारंटी** के बिज़नेस के लिये हमारी भूमिका कितनी महत्वपूर्ण है। कई लोग हम पर आस

फिश!

लगाये रहते हैं और जब हम अपने हाथ खींच लेते हैं तो उनकी भावनाओं का हमें अंदाज़ा ही नहीं होता। यह उनकी समस्या नहीं है कि हमें और भी बहुत सी ज़िम्मेदारियां निभानी पड़ती हैं या हमें कम तनख़्वाह मिलती है। वे सिर्फ़ उन ग्राहकों की सेवा करने की कोशिश कर रहे हैं जिनकी बदौलत हमें अपनी तनख़्वाह मिलती है- और उन लोगों की निगाह में हम अच्छी सेवा देने में रोड़े अटकाते हैं।'

फिर स्टीफैनी ने कहा, 'हमें आपके विचार चाहिये क्योंकि हमें विचारों की बहुत ज़्यादा ज़रूरत है। कृपया इस कचराघर को साफ़ करने में हमारी मदद कीजिये, ताकि हम अपने ग्राहकों का दिन यादगार बना सकें। हर समूह के पास पैंतालीस मिनट का समय है जिसमें वे जितने विचार इकट्ठे कर सकें, कर लें। कृपया बैठ जाएं और अब सोचना चालू कर दें। हमारी टीम का सदस्य आपके विचारों को लिखने के लिये तैयार है।' कुछ देर तक शांति छायी रही। फिर सभी समूह समस्या पर विचार करने लगे और पहली प्रस्तुति के बाद मिली ऊर्जा का उपयोग करने लगे।

समय ख़त्म होने पर स्टीफैनी ने घोषणा की, 'अब हम कुछ देर का विश्राम करते हैं, ताकि लिखने वाले अपने नोट्स को सिलसिलेवार जमा लें।' दस मिनट बाद स्टीफैनी ने एक बार फिर स्टाफ को बुलाया। 'अब हम परिणामों पर नज़र डालते हैं, और पुरस्कार मिलता है चौथी टेबल के समूह को।' चौथी टेबल के लोग *'उनका दिन यादगार बनाइये'* के बटन का पुरस्कार लेने के लिये आये। छोटे-छोटे बटन बाक़ी सभी को बांटे गए। इसके बाद उन सभी के विचारों की संक्षेपिका पर ध्यान दिया गया।

'उनका दिन यादगार बनाइये' के फ़ायदे

❖ यह बिज़नेस के लिये अच्छा है।

❖ अपने ग्राहकों की अच्छी सेवा करने से हमें संतोष मिलता है, क्योंकि दूसरों की मदद करने से संतुष्टि होती है। इससे हमारा ध्यान अपनी समस्याओं से दूर हटता है और हम दूसरों के प्रति सकारात्मक सोच बनाकर उनकी सहायता कर सकते हैं। यह अच्छा है, इससे हमें अच्छा लगता है और अधिक ऊर्जा मिलती है।

'उनका दिन यादगार बनाइये' को लागू करना

❖ अपने काम के घंटे बढ़ाये जा सकते हैं ताकि हम सुबह 7 बजे से शाम के 6 बजे तक मदद के लिये मौजूद रहें। यह हमारे ग्राहकों के लिये फ़ायदेमंद रहेगा (और यह हममें से कुछ लोगों के लिये भी फ़ायदेमंद रहेगा जो अलग-अलग समय पर ऑफिस आना चाहते हैं।)

❖ हम कुछ अध्ययन समूह भी बना सकते हैं ताकि हम अपने ग्राहकों की सेवा करने के नये तरीके खोज सकें। क्या हम विशेष ग्राहक समूहों पर ध्यान केंद्रित करते हुए अध्ययन समूह बना सकते हैं?

❖ अपने ग्राहकों की अनुशंसा के आधार पर सेवा के लिये और ग्राहकों का दिन यादगार बनाने के लिये कर्मचारियों को मासिक और वार्षिक पुरस्कार दिये जा सकते हैं।

❖ फीडबैक की सम्पूर्ण प्रक्रिया को लागू करना होगा जिसमें हमारे ग्राहक भी शामिल हों।

❖ एक स्पेशल टास्क फोर्स गठित करना होगा जो हमारे ग्राहकों को आश्चर्यचकित करने और उन्हें आनंद देने के लिये समर्पित हो।

❖ अपने ख़ास ग्राहकों को महीने में एक बार 'आने और खेलने' के लिये आमंत्रित किया जाए।

❖ एस.ए.एस, स्कैंडैनेवियन एयरलाइन्स में शुरू किये गये प्रयोग 'सत्य का क्षण' को अपने यहाँ लागू करने के बारे में सोचा जाना चाहिये। हम अपने ग्राहकों के साथ हर सौदे को ख़ूबसूरत मोड़ देने की कोशिश करेंगे।

मैरी जेन मन ही मन बहुत खुश हुई। 'अगर ये लोग इतना सब समझ गये हैं, तो हम अपने डिपार्टमेंट का हुलिया ही बदलकर रख देंगे। स्टीफैनी का जोश आसमान छू रहा है और उसके समूह में भी उसी की तरह का उत्साह दिख रहा है। हम यह कर सकते हैं! मैं जानती हूँ कि हम कर सकते हैं!' उसने कनखियों से लॉनी को देखा जिसके चेहरे पर संतोष और प्रसन्नता के भाव थे।

'पूरा ध्यान दो' टीम

पूरा ध्यान दो टीम ने बिलकुल अलग तरीके से अपनी प्रस्तुति दी, जिससे गति में सुखद परिवर्तन हुआ। पृष्ठभूमि में हल्का संगीत बज रहा था और उस टीम के एक सदस्य ने कहा, 'अपनी आँखें बंद कर लीजिये और एक मिनट के लिये विश्राम कीजिये। गहरी साँस लीजिये। मैं आपको कुछ ऐसी चीज़ें दिखाने वाला हूँ जिनसे हमें पूरा ध्यान देने में मदद मिलेगी।'

उसने इसके बाद कहा, 'अब सुनिये कि हमारी टीम के सदस्य आपके सामने क्या विचार रखना चाहते हैं। विश्राम की अवस्था में ही बने रहिये, अपनी सांस को एक जैसा रखने की कोशिश करिये और अपनी आँखें बंद रखिये।'

इसके बाद कुछ प्रेरणादायक पंक्तियां पढ़ी गयीं :

> *अतीत इतिहास बन चुका है*
> *भविष्य है कि एक पहेली है*
> *वर्तमान एक उपहार है*
> *तभी तो हम इसे 'प्रज़ेन्ट' कहते हैं।*

जॉन ने अपनी कहानी सुनाई। 'मैं बहुत व्यस्त ज़िंदगी जी रहा था,' उसने दर्द भरी आवाज़ में कहा, 'मैं जैसे-तैसे महीना गुज़ारने की कोशिश करता था। एक दिन मेरी बेटी ने मुझसे पार्क चलने के लिये कहा। मैंने उससे कहा कि विचार तो बढ़िया है, पर मुझे उस समय बहुत से काम निबटाने थे। मैंने उससे कहा कि वह इंतज़ार करे, ताकि मेरा काम ख़त्म हो जाए। परंतु मेरे पास हमेशा बहुत से ज़रूरी काम होते थे और इस तरह दिन गुज़रते गये। दिन हफ्ते बन गये और हफ्ते महीने बन गये।' रुंधी आवाज़ में उसने कहा इस बात को चार साल हो चुके

हैं और वह कभी पार्क नहीं जा पाया। उसकी बेटी अब पंद्रह साल की हो गयी है और उसकी अब पार्क में कोई रुचि नहीं है, न ही अब उसकी अपने पापा में कोई रुचि रह गयी है।

जॉन एक पल के लिये रुका और उसने गहरी सांस ली, 'मैंने फिश बेचने वाले एक कर्मचारी से *'पूरा ध्यान देने'* की कला के बारे में बात की और मैंने महसूस किया कि मैं घर पर या ऑफिस में रहता तो था, पर वहाँ मेरा *पूरा ध्यान* नहीं रहता था। फिश बेचने वाले कर्मचारी ने मुझे सपरिवार मार्केट आने की सलाह दी। मेरी बेटी नहीं जाना चाहती थी, परंतु मैंने आख़िरकार उसे चलने के लिये मना ही लिया। हमें बहुत मज़ा आया और मैंने यह कोशिश की मैं अपने बच्चों पर पूरा ध्यान दे सकूं। जब मेरी पत्नी मेरे बेटे के साथ खिलौने की दुकान पर गयी, तो मैं अपनी बेटी के पास बैठा और उसे बताया कि मुझे दुख है कि मैं उसके साथ समय नहीं गुज़ार पाया और उस पर पूरा ध्यान नहीं दे पाया। मैंने उससे माफी भी मांगी और यह कहा कि अतीत तो बदल नहीं सकता पर भविष्य में मैं उस पर पूरा ध्यान देने की कोशिश करूँगा। उसने कहा कि मैं इतना बुरा डैडी नहीं हूँ जितना कि मैं अपने आपको समझता हूँ। बस मुझे अपनी व्यस्तता कम करने की ज़रूरत है। मैं जानता हूँ कि मुझमें बहुत सुधार की ज़रूरत है परंतु मैं धीरे-धीरे सधर रहा हूँ। पूरा ध्यान देने की कला सीखने से मैं वह चीज़ हासिल कर पाया हूँ जो मैंने पता नहीं कब खो दी थी : मेरी बेटी के साथ मेरी घनिष्टता।'

जब जॉन की बात ख़त्म हुई, तो लॉनी मैरी जेन के कान में फुसफुसाया, 'वह फिश कर्मचारी जैकब था। वह नया है, और किसी की मदद करने का यह उसका पहला मौक़ा था।'

जैनेट भी भावुक हो गयी जब उसने अपनी पुरानी नौकरी में अपनी एक सहकर्मी के बारे में बताया। 'यह महिला लगातार मेरा ध्यान खींचने की कोशिश कर रही थी, परंतु मैं अपनी निजी समस्याओं के

कारण परेशान थी और इसलिये हममें तालमेल नहीं बन पाया। फिर एक विस्फोट हो गया। पता चला कि वह गड़बड़ कर रही थी और हमारी प्रगति की कमी को छुपाने के लिये फर्ज़ी रिपोर्टें देती जा रही थी। जब यह बात उजागर हुई तो उसे सुधारने का वक़्त भी नहीं बचा था। उसकी नौकरी चली गयी, कंपनी से एक क्लाइंट छिन गया और कंपनी को घाटा भी उठाना पड़ा। मुझे भी आख़िरकार अपनी नौकरी से हाथ धोना पड़ा क्योंकि हम उतना बड़ा काम दुबारा नहीं ढूंढ पाये। यह सब नहीं होता अगर मैं अपना पूरा ध्यान अपनी सहकर्मी पर लगाती जो मुझसे मदद माँग रही थी।'

फिर बेथ ने अपनी कहानी सुनाई। जब वह टी.वी. के सामने स्थिर बाइक पर व्यायाम कर रही थी और कुछ पढ़ने की कोशिश भी कर रही थी, तभी उसका पुत्र आया और सोफे पर बैठ गया। वह जान गई कि उसका पुत्र किसी बात से परेशान है। 'माँ को ऐसी बातें पता चल जाती हैं,' उसने कहा। 'अतीत में अगर ऐसा हुआ होता, तो मैं अपना काम करते हुए उससे बातें करती रहती। परंतु अपने तजुर्बे और तलाक़ से मैंने यह सीखा है कि अपने परिवार वालों की कीमत पर पायी जाने वाली कार्यक्षमता अच्छी या समझदारी की बात नहीं होती। तो मैंने टी वी बंद कर दिया, साइकल पर से उतरी, पत्रिकाओं को एक तरफ़ रख दिया, और एक घंटे तक अपने पुत्र का दुखड़ा सुनती रही। मैं सचमुच अपने इस फैसले पर खुश थी कि मैंने **पूरा ध्यान देने** का विकल्प चुना था।'

समूह के कुछ और सदस्यों ने निजी और बिज़नेस की मिली-जुली कहानियां सुनाईं। फिर उन्होंने अपनी इस प्रतिबद्धता को दोहराया कि वे एक दूसरे पर और ग्राहकों पर पूरा ध्यान देंगे। 'जब आप पूरा ध्यान देते हैं तो आप सामने वाले व्यक्ति को महत्वपूर्ण बना देते हैं।' टीम के एक सदस्य ने कहा। किसी मुद्दे पर चर्चा करते समय भी उन्होंने पूरा

ध्यान देने का वादा किया। वे सचमुच सुनेंगे और अपना ध्यान भटकने नहीं देंगे। उन्होंने एक दूसरे को यह पूछने के लिये प्रोत्साहित किया, 'क्या यह एक अच्छा समय है ? क्या आप पूरा ध्यान दे रहे हैं ?' एक दूसरे को यह सवाल पूछने में मदद करने के लिये उन्होंने एक गुप्त कोड बनाया। 'आप कहीं खो गये हैं' यह विशेष कोड किसी संभावित तात्कालिक मुद्दे का संकेत देने के लिये चुना गया। और सभी इस बात पर सहमत हो गये कि वे ई-मेल पढ़ते समय या उनका जवाब देते समय अपने दोस्त या ग्राहक से फोन पर बात नहीं करेंगे।

'अपना-रवैया-चुनें' टीम

आपना रवैया चुनें टीम सबसे आख़िर में आयी। इस टीम की रिपोर्ट संक्षिप्त और बिंदुवार थी। 'हमारी टीम ने यह पाया है कि अपना रवैया चुनने से आपको ये लाभ होते हैं।

'पहला फ़ायदा तो यह होता है कि अपना रवैया ख़ुद चुनने से यह आपकी अपनी ज़िम्मेदारी हो जाती है और इससे तीसरी मंज़िल पर ऊर्जा का संचार हो जाता है।

'दूसरा फ़ायदा यह है कि अपना रवैया चुनना और ख़ुद को बदक़िस्मत समझना दो परस्पर विपरीत ध्रुव हैं।

'तीसरा फ़ायदा यह है कि आप सबसे अच्छा काम करने की कोशिश करते हैं और अपने काम से प्यार करने लगते हैं। हम यह तो तय नहीं कर सकते कि हम अपना मनचाहा काम करें, पर हममें से हर एक यह ज़रूर तय कर सकता है कि हम जो भी काम कर रहे हैं, वह हम दिल से करें। हम अपना काम जीजान से कर सकते हैं, मन लगाकर कर सकते हैं – यह विकल्प हम चुन सकते हैं। अगर हम ऐसा कर लें, तो हमारे ऑफिस में उत्साह, रचनात्मकता, और आनंद का झरना बहने लगेगा।'

'अपना रवैया चुनें' को लागू करना

टीम की जोशीली प्रवक्ता मार्गरेट ने सुझाव दिया कि ***अपना रवैया चुनें*** को लागू करने का तरीका पूरी तरह निजी है। 'हममें से कई यह भूल चुके हैं कि हममें विकल्प चुनने की क्षमता है। हमें एक दूसरे के प्रति सहृदय रहना चाहिये, परंतु हमें एक साथ काम करते हुये अपनी स्वतंत्र इच्छा की अपनी योग्यता को भी बढ़ाना चाहिये। अगर आपको विकल्प मालूम नहीं हैं या आपको यह भरोसा नहीं है कि आपके पास चुनने के लिये विकल्प हैं, तो आप ऐसा नहीं कर पाएंगे। हमारे समूह में ऐसे कई लोग हैं जिन्होंने ज़िंदगी में बहुत कठिन परिस्थितियों का सामना किया है। हममें से कइयों को इस विचार को आत्मसात करने में थोड़ा समय लगेगा कि हम ***अपना रवैया चुन*** सकते हैं।'

टीम के दूसरे सदस्य ने कहा, 'हमने ***अपना रवैया चुनें*** विचार को लागू करने के दो तरीके खोजे हैं और इस बारे में कुछ कदम पहले ही उठा लिये हैं।

'सबसे पहली बात तो यह कि हमने हर एक के लिए एक छोटी-सी पुस्तक ख़रीद ली है जिसका शीर्षक है ***'पर्सनल अकाउंटेबिलिटीः द पाथ टु ए रिवार्डिंग वर्क लाइफ'।*** जब आप लोग यह पुस्तक पढ़ लेंगे तो हम इस पर समूह चर्चाएं आयोजित करेंगे। अगर हमारा यह प्रयोग सफल हो जाता है, तो हम कुछ और पुस्तकों पर चर्चा कर सकते हैं जैसे ***रेविंग फैन्स, द सेवन हैबिट्स ऑफ हाइली इफेक्टिव पीपुल, गन्ना हो!*** और ***द रोड लेस ट्रैवल्ड।*** इन सभी पुस्तकों से हमें यह समझने में मदद मिलती है कि हम ***अपना रवैया चुन*** सकते हैं।

फिश!

'दूसरा तरीका यह है कि हमने ऑफिस में प्रयोग के लिये रवैयों का एक मीनू तैयार किया है। आपने इसका एक संस्करण पहले ही देख लिया है। हम अब भी यह नहीं जानते कि हमारे ऑफिस के दरवाज़े पर पहला संस्करण किसने लगाया था, इसलिये हम उसका श्रेय उसे नहीं दे सकते। तो यह रहा हर रोज़ के लिये आपका मीनू।'

मैरी जेन ने रवैयों के मीनू को देखा। यह दोनों तरफ़ लिखा हुआ था। एक तरफ़ नाक-भौं सिकोड़े हुये एक चेहरा बना हुआ था जिसके चारों तरफ़ *गुस्सा, उदासीन* और *कटु* शब्द लिखे हुये थे। दूसरी तरफ एक मुसकराता हुआ चेहरा बना था जिसके चारों तरफ़ *जोश, सहयोग, फ़िक्रमंद, ध्यान रखने वाला* और *रचनात्मक* शब्द लिखे थे। सबसे ऊपर लिखा हुआ था ः आप अपना विकल्प चुन सकते हैं। तीसरी मंज़िल के मुख्य दरवाज़े के ऊपर टंगे मीनू का यह बड़ा रूप था। मैरी जेन तत्काल खड़ी हो गयी और उसने अपने स्टाफ के हर सदस्य को बधाई देना शुरू कर दिया। उसके पीछे लॉनी भी था, जिसने अपने तरीके से उत्साह बढ़ाया। जब मैरी जेन ने सबसे चर्चा कर ली, तब तक लंच खत्म हो गया था। वह जान चुकी थी कि अब वे **ढीलों के कचराघर** को साफ़ करने के अपने मक़सद में कामयाब हो जायेंगे।

लॉनी और मैरी जेन **फर्स्ट गारंटी** में वापस लौटे। इसमें कोई ताज्जुब की बात नहीं थी कि कई लोगों ने उन्हें रास्ते में घूरा ः एक बिज़नेस वुमैन और एक मछेरे को साथ-साथ देखकर लोगों का घूरना स्वाभाविक था। ताज्जुब की बात तो यह थी कि उनमें से बहुत से लोग लॉनी को जानते थे।

फिश!

'तो आपके बॉस को यह पता नहीं है कि आपको दूसरी नौकरी का ऑफर मिला हुआ है,' लॉनी ने कहा। दो हफ्ते पहले, मैरी जेन को **फर्स्ट गारंटी** के मुख्य प्रतिद्वंद्वी की तरफ़ से एक अप्रत्याशित ऑफर मिला था कि अगर वह अपनी कंपनी बदल ले तो उसे ज़्यादा तनख़्वाह वाली नौकरी मिल सकती है।

'मुझे नहीं लगता। मैं समझती हूँ कि उन्होंने मेरी पुरानी बॉस से चर्चा की थी। उस महिला से, जो हाल ही में **फर्स्ट गारंटी** छोड़कर पोर्टलैंड में एक शानदार नौकरी पर चली गयी है। मैंने अभी इस बारे में किसी से कुछ नहीं कहा है।'

'पहले तो मैं यह नहीं समझ पाया था कि आपने इतना आकर्षक प्रस्ताव क्यों ठुकराया, पर अब मैं समझ रहा हूँ। आप इस प्रक्रिया के प्रति समर्पित थीं, और आप इन लोगों को मंझधार में छोड़कर नहीं जा सकती थीं। नहीं क्या ?'

'यह बात भी थी, लॉनी। लेकिन जब मैंने इतनी मेहनत से फर्स्ट गारंटी में ज़्यादा मौज-मस्ती का इतना बढ़िया माहौल बना लिया है तो मैं इसे छोड़कर भला क्यों जाऊँ ? हमारा अच्छा वक़्त तो अब शुरू हुआ है।'

फिश!

रविवार, 7 फरवरी: एक साल बाद, कॉफी हाउस में

मैरी जेन ने अपनी पुस्तक *सिम्पल एबन्डैन्स* खोली और 7 फरवरी की तारीख़ निकाली।

ये विचार अमर हैं, उसने सोचा। एक साल पहले मैं यहीं बैठी थी और सोच रही थी कि मैं किस तरह **ढीलों के कचराघर** को साफ़ कर पाऊँगी। दरअसल, यहीं, मुझे यह अहसास हुआ था कि मैं भी इस समस्या का एक हिस्सा हूँ और मुझे दूसरों को सुधारने से पहले ख़ुद को सुधारना चाहिये।

होटल में कमेटी रिपोर्ट्स बहुत बढ़िया शुरूआत थी। स्टाफ में हमेशा बेहतर बनने की क़ाबिलियत थी — केवल उन्हें प्रेरित करने की

ज़रूरत थी और ऐसा ***फिश फिलॉसफी*** *से संभव हुआ। आज तीसरी मंज़िल का हुलिया ही बदल चुका है, और हमारी नयी समस्या यह है कि कंपनी के दूसरे विभागों के लोग यहाँ पर काम करना चाहते हैं। मुझे लगता है कि यहाँ पर ऊर्जा पहले से ही थी, सिर्फ़ उसे बाहर निकालने की कसर थी।*

और 'चेयरवुमैन का पुरस्कार' भी सुखद संयोग था। मैं सोचती हूँ कि चेयरवुमैन हक्की-बक्की रह गयी थीं, जब मैंने उनसे कहा कि मैं उस पुरस्कार की ढेर सारी प्रतियां चाहती हूँ। एक मेरे लिये, एक बिल के लिये, एक-एक मेरे विभाग के हर कर्मचारी के लिये, और एक लॉनी के लिये और सभी फिश कर्मचारियों के लिये। मुझे खुशी है कि मुझे मिलने वाले पुरस्कार की एक प्रति विश्वप्रसिद्ध ***'पाइक प्लेस फिश मार्केट'*** *के कैश रजिस्टर के ठीक ऊपर टंगी हुई है और लॉनी के लिविंग रूम में भी लगी हुई है।*

उसने अपनी डायरी खोली और उसमें से जॉन गार्ड्नर की कही हुई बातें पढ़ीं, जो उसने पहले लिखी थीं। यह अध्याय जीवन के अर्थ पर था।

अर्थ

जीवन का अर्थ किसी पहेली के हल या खजाने की तलाश के पुरस्कार की तरह हमें यूं ही नहीं मिल जाता। जीवन का अर्थ हमें ख़ुद बनाना पड़ता है। आप इसे बनाते हैं अपने अतीत से, अपने प्रेम से, अपनी वफ़ादारी से,

मानव जाति के अपने अनुभवों से, अपनी प्रतिभा और समझ से, उन चीज़ों से जिनमें आप विश्वास करते हैं, उन चीज़ों और लोगों से जिनसे आप प्यार करते हैं, उन मूल्यों से जिनके लिये आप त्याग करने के इच्छुक होते हैं। सभी तत्व वहीं होते हैं। केवल आप ही उनको एक निश्चित पैटर्न में जमा सकते हैं और इस तरह अपनी ज़िंदगी का पैटर्न बना सकते हैं। यह जीवन ऐसा होना चाहिये जिसमें आपको अर्थ और गौरव का अनुभव हो। अगर ऐसा है तो फिर सफलता या असफलता का ज़्यादा महत्व नहीं रह जाता।

❖ ***जॉन गार्ड्नर***

डायरी पढ़ने के बाद मैरी जेन अपनी आँखों में आये आंसुओं को पोंछने लगी।

'लॉनी क्या मैं केक का बचा हुआ टुकड़ा ले सकती हूँ, इसके पहले कि तुम इसे सफाचट कर जाओ।' लॉनी कुछ पढ़ते हुए उससे कुछ दूरी पर बैठा था। उसने मैरी जेन की तरफ़ प्लेट बढ़ा दी। जब वह केक उठाने के लिये झुकी, तो उसने देखा कि उसके सामने फिश का खुला हुआ बड़ा सा मुँह है और उस मुँह में एक छोटी-सी हीरे की अंगूठी रखी हुई है। उसने लॉनी की तरफ़ देखा, जिसके नर्वस चेहरे पर एक बड़ा प्रश्नवाचक चिन्ह लिखा दिख रहा था। उसे इतनी जमकर हँसी आई कि उसका गला रुंध-सा गया और उसने यही कहा, 'ओह, लॉनी! हाँ! हाँ, ज़रूर करूँगी। पर तुम मज़ाक करना कब बंद करोगे?'

फिश!

सिएटल शहर में बाहर का मौसम उदास, ठंडा, और नम था। परंतु भीतर का मौसम अब पूरी तरह बदला हुआ था।

चेयरवुमैन का पुरस्कार समारोह

चेयरवुमैन मंच पर आई और उन्होंने उपस्थित लोगों को देखा। अपने नोट्स की तरफ़ देखते हुये उन्होंने कहा, 'मुझे आज जितने गर्व की अनुभूति हो रही है, उतनी पहले कभी नहीं हुई। ***फर्स्ट गारंटी*** में कुछ ऐसा घटित हुआ है, जो चमत्कारी है। तीसरी मंज़िल पर बैकरूम ऑपरेशन विभाग में मैरी जेन रैमिरेज़ और उनकी टीम के सदस्यों ने यह साबित कर दिया है कि जब हम सुबह ऑफिस में घुसते हैं तो हम यह चुनाव भी करते हैं कि हमारा आज का दिन कैसा होगा? क्या यह अच्छा होगा या बुरा? हमें ख़ुद से यह आसान सा सवाल पूछना होता है, 'क्या यह दिन अच्छा गुज़रने वाला है?' और इसका जवाब हमें इस तरह से देना है, 'हाँ! मैं इसे एक शानदार दिन बनाने का विकल्प चुनता या चुनती हूँ।

'लम्बे समय से काम करने वाले पुराने कर्मचारियों में भी नये-नये काम पर आये लोगों जितना उत्साह दिख रहा है और जिसे बोरिंग काम समझा जाता था वह अब मज़ेदार काम बन चुका है। मुझे पता चला है कि इस

चमत्कारी परिवर्तन के गुर फिश मार्केट से सीखे गये हैं। तीसरी मंज़िल की टीम ने यह सोचा कि जब आप फिश मार्केट में ख़ुशी-ख़ुशी काम कर सकते हैं, तो आप 'फर्स्ट गारंटी' के किसी भी विभाग में उससे ज़्यादा ख़ुशी से काम कर सकते हैं, बशर्ते कि आप ऐसा करने का विकल्प चुनें।

'इस चमत्कारी परिवर्तन के सूत्र एक पट्टिका पर जड़े गये हैं जो हमारे मुख्यालय की इमारत के प्रवेशद्वार पर लगी हुई है। इसमें लिखा है –

हमारे काम करने की जगह

जब आप इस ऑफिस में दाख़िल हों, तो यह विकल्प चुनें कि आपका आज का दिन शानदार गुज़रने वाला है। आपके सहकर्मी, ग्राहक, टीम के सदस्य और ख़ुद आप इसके लिये कृतज्ञ होंगे। खेल के नये-नये तरीके खोजते रहें। हम अपने काम के बारे में तो गंभीर रहें, पर ख़ुद के बारे में गंभीर न बनें। जब आपके ग्राहकों और टीम के सदस्यों को आपकी सबसे ज़्यादा ज़रूरत हो तो उनकी तरफ़ पूरा ध्यान दें। और जब आप पायें कि आपकी ऊर्जा घट रही है, तो इस अचूक इलाज को आज़माकर देखें : किसी ऐसे आदमी की खोज करें जिसे मदद की, सहारे के शब्द की, या किसी हमदर्द की ज़रूरत हो – और *उसका दिन यादगार बनाइये।*